CLARENDON GERMAN SERIES
General Editor: P. F. GANZ

———

FRIEDRICH DÜRRENMATT
DIE PANNE
and
DER TUNNEL

FRIEDRICH DÜRRENMATT

DIE PANNE
and
DER TUNNEL

EDITED BY
F. J. ALEXANDER

Head of the Modern Languages Department
St Edward's School, Oxford

OXFORD UNIVERSITY PRESS

Oxford University Press, Ely House, London W. 1

GLASGOW NEW YORK TORONTO MELBOURNE WELLINGTON
CAPE TOWN IBADAN NAIROBI DAR ES SALAAM LUSAKA ADDIS ABABA
DELHI BOMBAY CALCUTTA MADRAS KARACHI LAHORE DACCA
KUALA LUMPUR SINGAPORE HONG KONG TOKYO

German text of *Die Panne* and *Der Tunnel*
© Verlag der Arche, Zürich, 1956 and 1952
and reprinted here by permission

First published 1967
Reprinted 1974, 1975

Printed in Great Britain
at the University Press, Oxford
by Vivian Ridler
Printer to the University

CONTENTS

EDITOR'S NOTE

In the course of the Introduction shortened forms of the often somewhat lengthy titles of Dürrenmatt's works are used. The full titles are given both in the Bibliography, and when each work is mentioned for the first time.

References to *Die Panne* and *Der Tunnel* are to this edition. Other references are to the most recent editions listed in the Bibliography. '*Th.*' after quotations refers to Dürrenmatt's *Theaterprobleme*, '*Th-S.*' to his *Theater-Schriften und Reden*.

I should like to express a brief word of thanks to all those at home and abroad who have helped to clear up one point or other in the notes, and to the Arche Verlag for permission to print the texts.

INTRODUCTION

A. GENERAL

Dürrenmatt's life

FRIEDRICH DÜRRENMATT was born on 5 January 1921
in Konolfingen, a village in the canton of Berne, where his
father was vicar. His parents had been married for twelve
years and had adopted a girl, when Friedrich was born,
later followed by a sister. When he was fourteen, his
father moved to a parish in Berne itself. Here in the capital
young Dürrenmatt received his grammar school education. His university studies, first for a very brief spell in
Zurich and afterwards in his home city of Berne, were
unorthodox and never led to a degree, as he was intent
on doing what interested him: philosophy, literature,
science.

The two main influences on him from his family were:
the religious background of his Protestant home, which
manifested itself not only in his early writing, but even in
some of his most frivolous-looking later works;[1] and the
critical and satirical vein and lively interest in public and
world affairs of his grandfather Ulrich Dürrenmatt (1849–

---

[1] Significantly he says of himself 'Die Schwierigkeiten, die ein Protestant
mit der Kunst des Dramas hat, sind genau die seines Glaubens' (*Th.*, p. 52;
Th-S., p. 125), and describes himself, through his mouthpiece Übelohe in
Die Ehe des Herrn Mississippi, as 'dieser zähschreibende Protestant' (*Komödien
I*, p. 125), although any claim for him as a 'Christian' writer is clearly exag-
gerated and has been duly refuted (cf. Ruth Blum, 'Ist Friedrich Dürren-
matt ein christlicher Schriftsteller?' *Reformatio, Zeitschrift für evangelische
Kultur und Politik*, 1959, p. 535 ff.)

1908), who as a *Bundesrat* (member of the Swiss Federal
Parliament) and a prolific political writer was a great
fighter for public causes.[1]

In the early forties he read widely: the nineteenth-
century religious philosopher Kierkegaard; some of the
great writers of satirical comedy, notably Aristophanes
and the nineteenth-century Viennese Nestroy; early twen-
tieth-century expressionist poets like Trakl and Heym.
Kafka and some of the great innovators of modern drama,
Wedekind, Pirandello, Thornton Wilder, and above all
Brecht, also made a deep impression on him.

Dürrenmatt showed interest and ability in more than
one field of the arts (a phenomenon by no means uncommon among the artistically gifted, such as Goethe, E. T. A.
Hoffmann, Stifter, Keller, Gerhart Hauptmann, Günter
Grass). He eagerly engaged in drawing and sketching, and
seriously thought of making this his profession. At the
same time he began to write: plays which remained un-
published or were destroyed, and short prose pieces which
he later published.

By 1946 he had decided to be a writer, and in that
year he finished his first published play. Between 1946 and
1948 he lived in Basle, leading the often precarious life
of a free-lance writer, married the actress Lotti Geißler,
had his first première, and wrote more plays. In 1948 he
moved back into his home canton of Berne, but into its
French-speaking part, making his home at Ligerz on the
Bielersee (Lake Bienne, where the scene of his first novel
is set). With a Munich première in 1952 his fame began
to spread beyond Switzerland, and greater prosperity en-
abled him to acquire a permanent home in Neuchâtel.

Although he is probably the most gifted dramatist

---

[1] As Dürrenmatt tells us: '. . . vom Großvater her weiß ich, daß Schreiben
eine Form des Kämpfens sein kann.' ('Vom Anfang her', *Th-S.*, p. 29.)

writing in German, Dürrenmatt purposely lives on the fringe of the German-speaking world. He likes Switzerland as a working base. There is his famous reply to an interviewer asking his opinion about the Swiss problem: 'Sie irren sich, Herr Doktor, die Schweiz ist mir kein Problem, es tut mir leid, sondern halt ein angenehmer Ort zum Arbeiten.'[1] But his work—more than he likes to admit—is in many respects affected by his Swiss background—and by Swiss problems.

Dürrenmatt's development as a writer[2]

Of Dürrenmatt's first attempts at writing, towards the mid-nineteen-forties, only the narrative pieces are known. He published them some five to ten years later in the collection *Die Stadt* (named after the longest of the pieces), as interesting documents rather than for their own merit. As he suggests himself in the postscript there, his main aim was to try his hand at writing, and indeed from these pieces one can follow the gradual development of his style. With the possible exception of the last two stories, *Der Tunnel* and *Pilatus*, they all show predominantly abstract and expressionist and even surrealist features similar to those in Kafka's works. *Pilatus*, although expressionist in character and written in a pointedly detached manner, veers towards the epic-lyric style of his first two published plays.

We only know of one play of that early period, with the title *Komödie*, of apocalyptic character, which accords well with his subsequent development. At one point he also tried to write for the cabaret, but this was not a success. The first play to be performed and published was *Es steht*

---

[1] Quoted by Max Frisch in his speech 'Emigranten' (Rede zur Verleihung des Georg-Büchner-Preises 1958), printed in *Beiträge zum 20jährigen Bestehen der Neuen Schauspiel A.G.* (1958/1959), p. 62.
[2] For details of dates see Bibliography.

geschrieben: apart from foreshadowing the young author's gift for farce and parody, it is an idealistic 'Wiedertäuferdrama' (but experimental and in parts surrealistic in presentation) in the historical setting of the anabaptist movement in Westphalia, extolling the spirit of true Christianity as opposed to the false, partly misguided, partly hypocritical attitude of even a reformist movement. Over the next few years he continued to write plays. The next, *Der Blinde*, is still more expressionist in style, with an only nominally historical background (the Thirty Years' War), and both action and characters are presented on a generalized and allegorical level. An attempt at a *Turmbau von Babel* was abandoned for the time being. *Romulus der Große* is in many ways the opposite of its predecessor: it has the nearest to a real historical background that Dürrenmatt has ever contrived, although he calls it 'eine ungeschichtliche historische Komödie', and like Shaw's *St. Joan* it successfully entertains and carries its point at the same time. With it Dürrenmatt took a definite turn away from a more biblical and poetic style towards what was to become his particular medium: satirical comedy.

The next period in the author's life, from 1950 on, is characterized by a rather different approach. He has never made any bones about the fact that, when opportunity arose, he has been quite ready to write for the sake of making money. One can distinguish three categories of such works: detective novels, occasional small commissions, and radio plays. But however much it may have been the breadwinner who prompted them, it was the artist who wrote: he has always remained true to himself.

This can be seen at once in his detective novels. More than any other of his works they are 'pot-boilers' and yet with them Dürrenmatt has helped to establish the genre of the literary thriller in German. The first two, *Der*

Richter und sein Henker and *Der Verdacht* even have their Sherlock Holmes or Maigret in Bärlach, around whom they are centred, but they also have a claim to literary quality: they are both deeply concerned with the problems of guilt and justice. *Richter und Henker*, with its very ingenious plot, is more balanced in form and content, *Verdacht* more impassioned, with many theoretical discussions on justice, but at the same time less coherent and convincing. Later in the fifties he wrote a third detective novel, *Das Versprechen*, which is again characterized by the originality and ingenuity of its plot, but its significant subtitle 'Requiem auf den Kriminalroman' suggests that it is intended to be the detective novel to end detective novels.

Das Versprechen followed a commission (obviously induced by the success of the first two novels) for the script of an educational film *Es geschah am hellichten Tag*. Some of Dürrenmatt's other commissions have been for short introductions, often to satirical and grotesque writings and drawings (such as a German selection from Ronald Searle), which are very much in the spirit of Dürrenmatt's own thinking and writing.

The third category, radio plays, has produced some of Dürrenmatt's finest writing. It is fairly easy to distinguish between two kinds of *Hörspiel* among them. One is the sketch, with rarely more than two characters, of a morbid and grotesque type, reminiscent of Ionesco's short plays. Of the three radio plays of this group, spaced over a longish period, each reflects the time of its creation. The earliest, *Der Doppelgänger* (1946) recalls the experimental period of his early surrealist narrative writing. *Nächtliches Gespräch mit einem verachteten Menschen* (1952) with its background of political assassination has much in common with *Der Verdacht* and *Die Ehe des Herrn Mississippi* in their preoccupation with justice in the particular context of authoritarian régimes, and in its harrowing quality reminds one of *Der Tunnel* of the same vintage. Lastly, in *Abendstunde im Spätherbst* (1956) the ingenuity and brilliance of its plot clearly call to mind *Die Panne* (itself first conceived as a *Hörspiel*); it is not unworthy to rank with his masterpieces of that period, with which it also shares the 'Hochkonjunktur' theme.

The other type of *Hörspiel* are the longer ones (with a multiplicity of characters and a full plot), which Dürrenmatt developed in the course of the earlier fifties. Taking up again in a different form, one may suggest, the earlier abortive attempts at political cabaret writing, they are all extremely lively and pungent satires, castigating the ills and wrongs in the conduct of both public and private affairs. The first two, *Der Prozeß um des Esels Schatten* and *Stranitzky und der Nationalheld*, turn their attention rather to the stupidity and malice of individuals in public life, and the two later ones, *Herkules und der Stall des Augias* and *Das Unternehmen der Wega*, direct their acid humour and sarcasm against bureaucracy and government institutions in the conduct of home and international affairs (with an unmistakable dig at Swiss provincialism in politics). Thus, in these longer radio plays, Dürrenmatt has developed a perfect vehicle for concentrated satire, which seems almost more effective than some of his recent full-length plays, as e.g. *Frank der Fünfte*, the expanded *Herkules*,[1] or *Der Meteor*.

The early fifties also produced two more stage plays. *Die Ehe des Herrn Mississippi*, farcical as well as fantastic, partly stems from his early experimental phase with its surrealist tendencies, partly foreshadows the imaginative

---

[1] The unanimously negative reception of the 'new' *Herkules* in Switzerland, so nicely displayed on its dust-cover, is not entirely due to its overt criticism of Swiss life.

style of the ensuing period. *Ein Engel kommt nach Babylon* ('eine fragmentarische Komödie', since it is envisaged as the first part of a trilogy which would take up the earlier abandoned plan of *Der Turmbau von Babel*) for the first time displays, on a larger scale even than *Romulus*, the whole range of satire in a full-length play; it is not dissimilar to Brecht's *Der gute Mensch von Sezuan* in its theme that the humble and poor are the most valuable among human beings, and widens the scope of the theme by extending the satirical survey to all walks of life.

From the end of that period also dates the most elaborate and therefore most important of Dürrenmatt's theoretical statements, the *Theaterprobleme*. In quite a number of his works we find theoretical hints and remarks of one kind or another: as prefaces, postscripts or notes, to which must be added occasional newspaper articles and reviews, and speeches.[1] In the winter of 1954–5 he toured Switzerland and Germany giving a lecture, which he then published as *Theaterprobleme*. In it he gives his views on the problems facing the dramatist in our time and thereby elucidates his attitude to his own work. His tenets and philosophy of life come out very clearly,[2] and it is perhaps no mere coincidence that this relatively short but significant lecture should have served Dürrenmatt as an introduction to his most creative period, which can justly be claimed as the climax in his artistic output so far, both in quantity and in quality.

The years 1953–4, with *Babylon* and two of the finest of his more elaborate radio plays, *Herkules* and *Wega*, had already seen Dürrenmatt reach a greater sureness of touch, imaginative ingenuity and flexibility in his satire; the following two years witnessed an outburst of creative activity,

---

[1] Most of them collected in *Theater-Schriften und Reden*.
[2] For detailed discussion see pp. 11–13 and again p. 19 ff.

with three major works, among which the two most successful ones (*Der Besuch der alten Dame* and *Die Panne*) first
made him famous outside the German-speaking world.

The 'tragische Komödie' *Der Besuch der alten Dame* has
a plot in the traditional sense and yet a most original
theme, entertainingly executed and intended to shock
through its strange morality. It mercilessly uncovers the
true state of our morals by showing how our subconscious
selfish inclinations may ultimately win through against
our ostensibly dominant sense of justice: the old lady
demands the execution of her erstwhile seducer in return
for financial aid to her impoverished home town and its
inhabitants, and the whole community when faced with
this temptation gradually moves towards sacrificing integrity to material gain. With *Grieche sucht Griechin* and
Die Panne he reached a peak in his narrative prose, showing that he had become a master in this medium, too.
Grieche sucht Griechin, dubbed a 'Prosakomödie', is a delightful satire on the foibles of our contemporary society.
Die Panne, as will be seen, is a very original story, fascinating in its presentation, and revealing the accomplished
author of crime fiction, in the twists and turns of its
dénouement.

In all these three works a certain deepening can be
detected in Dürrenmatt's satire. Earlier on it had been
more general and more playful in castigating the petit-
bourgeois aspects of society as Keller had done in his
'Seldwyla' stories. It now became more profound, more
pungent, in beginning to turn its attention on the real ills
of the world, such as the chase after prosperity to the
exclusion of all else. It is this line of topical satire that
characterizes Dürrenmatt's further development.

In the first instance, however, the time since the middle
fifties has been a period of consolidation and reorientation

for Dürrenmatt: the remoulding, editing, and re-editing of earlier works. He published works not edited before; brought out revised editions of several plays; wrote his third and last detective novel on the basis of the earlier film script, recast *Mississippi* for a film and *Herkules* for the stage; issued collected editions of his stage plays (*Komödien I* and *II*), all the radio plays (*Gesammelte Hörspiele*), and his theoretical and critical utterances (*Theater-Schriften und Reden*).

Apart from *Versprechen* only three entirely new works have come out since 1956, mainly continuing and intensifying the tendency towards more acutely topical satire. *Frank der Fünfte*, a satire on the ruthlessness and unscrupulousness of big business, broke new ground as an 'opera' (set to music by Paul Burkhard) with numerous balladesque songs—in everything very much on Brechtian lines: in the grotesqueness of its satire which turns everything completely upside down it is somewhat reminiscent of *Erewhon*. *Die Physiker* is intended to be a passionate demonstration against the dangerous and destructive misuse of science: but like *Frank* it leaves the impression of a certain thinness: both are brilliant in conception, but more sketchily executed than others of his works. This is even more true of *Der Meteor*, where the satire for the first time centres on the literary and artistic world, though it is also loosely aimed at the tragi-comedy of modern life and death: the whole treatment is so superficial and flimsy that it seems to complete the return to an extreme form of farcical writing—a far cry from the masterly handling of serious themes at the peak of his career.

The essential features of Dürrenmatt's work

If one attempts to assess the dominant characteristics of Dürrenmatt's work, the answer might be that its

principal theme is the problem of justice and guilt, the
mode of expression most natural to him satire, and the
means he employs with the greatest success the grotesque.

The problem of justice and guilt lies at the centre of
his work: good and evil; right and wrong; the relativity
of all justice—and guilt. These are problems with which
writers have concerned themselves at all times. Our own
age is deeply involved with them. Outstanding examples
in contemporary European literature are Camus in France,
Ugo Betti in Italy, Graham Greene in England, Bergen-
gruen and Zuckmayer in Germany. In Dürrenmatt's own
country we find a similar concern with the subject, as in
the Austrian and 'Wahlschweizer' dramatist Hochwälder's
two best-known plays, *Das heilige Experiment* and *Der öffent-
liche Ankläger*; and Frisch, although these themes are not
always at the centre of his work, does deal with them
particularly in his most mature plays such as *Biedermann
und die Brandstifter* or *Andorra*.

Dürrenmatt has a predilection for characters concerned
in the execution of justice. Mississippi is an autocratic
prosecutor like Hochwälder's. But a figure looming large
in some of his work is the executioner: in his early stories
Die Falle and *Die Stadt*, in the first play *Es steht geschrieben*,
in *Babylon*; and, at least by implication, in most of his
other plays and the detective stories someone has to become the avenger-executioner. There are hardly any judges
in his works, but many of his characters have to act as
such, and in *Die Panne* we meet one with all the other law-
officers. Judge, prosecutor, executioner, criminal, victim:
they often 'merge' or change places.[1]

But Dürrenmatt's preoccupation with law and justice

---

[1] It seems indicative that in his 'Schillerrede' when discussing rhetorical
drama Dürrenmatt quotes a trial scene as an example (*Friedrich Schiller*,
p. 16 f.; *Th-S.*, p. 218).

does not stop at such outward demonstrations. He probes
into the relativity of all justice and guilt: 'das Gute und
das Böse sind zu sehr ineinander verschlungen', says Dr.
Marlok in *Verdacht* (p. 113). This naturally comes out
very much in his literary thrillers: in the intricacies of
crime and punishment in *Richter und Henker*, in the even
more intricately woven plot of *Verdacht* with its many
theoretical discussions of the subject, and in a different
way in *Versprechen*. The same problem occupies him again
in *Panne*, in his three short radio plays, and in some form
or other is present in a number of the stage plays.[1]

It is important in this context to look at some of the
cardinal tenets that form the basis of Dürrenmatt's aesthe-
tic and philosophical creed.

He constantly stresses the fact that individual guilt no
longer applies to our time, which only experiences collective guilt, and he gives this as the reason for writing
comedy rather than tragedy:

Die Tragödie setzt Schuld, Not, Maß, Übersicht, Verant-
wortung voraus. In der Wurstelei unseres Jahrhunderts, in
diesem Kehraus der weißen Rasse gibt es keine Schuldigen und
auch keine Verantwortlichen mehr. . . . Wir sind zu kollektiv
schuldig, . . . (*Th.*, p. 47; *Th-S.*, p. 122)

Hand in hand with this goes another basic belief: that
the concept of 'fate' is no longer valid for our time, that
there is only chance, accident, a 'Panne'—as is most
clearly expressed at the end of 'Part I' of *Die Panne* (p. 38,
see also below p. 24 f.), or also by Emmenberger, the villain
of *Der Verdacht*: 'Das Böse und das Gute fällt einem wie
bei einer Lotterie als Zufallslos in den Schoß' (p. 137).
An almost identical remark is made by the 'Schriftsteller',

[1] In recent years Dürrenmatt has also been working on a novel *Justiz*.

clearly the image and mouthpiece of Dürrenmatt himself,
in *Richter und Henker*: '. . . sind immer zwei Dinge möglich,
das Schlechte und das Gute, und der Zufall entscheidet.'
(p. 103) And in 'Punkt 8' of the postscript to *Die Physiker*
Dürrenmatt postulates: 'Je planmäßiger die Menschen vor-
gehen, desto wirksamer vermag sie der Zufall zu treffen.'
(*Komödien II*, p. 354; *Th.-S.*, p. 193). Thus, what for
other writers may have been inexorable fate, to Dürrenmatt is the haphazard working of chance—it fascinates
him.[1]

However, although chance appears to rule the world,
there is a 'Gesetz der Gerechtigkeit', as the Ahasuerus
figure of Gulliver, the avenger in *Verdacht*, tells us (p. 152),
and we see the wrongdoer duly hunted down and brought
to justice, as in the three detective novels—even if, in
keeping with Dürrenmatt's philosophy, this has to be done
through chance restoring the balance of justice.

Nor should the reaction to the madness of this world be
despair. Dürrenmatt stresses this again and again:

Nur das Komödiantische ist möglicherweise heute noch der
Situation gewachsen. Wer verzweifelt, verliert den Kopf; (*Der
Rest ist Dank*, p. 29; *Th-S.*, p. 72)

Die Welt . . . steht für mich als ein Ungeheures da, als ein
Rätsel an Unheil, das hingenommen werden muß, vor dem es
jedoch kein Kapitulieren geben darf. (*Th.*, p. 49; *Th-S.*, p. 123)

Gewiß, wer das Sinnlose, das Hoffnungslose dieser Welt
sieht, kann verzweifeln, doch ist diese Verzweiflung nicht
eine Folge dieser Welt, sondern eine Antwort, die er auf diese
Welt gibt, und eine andere Antwort wäre sein Nichtver-
zweifeln, sein Entschluß etwa, die Welt zu bestehen, . . . (*Th.*,
p. 48 f.; *Th-S.*, p. 123)

and he emphasizes once more in identical words 'Der

---

[1] One of the key figures in *Richter und Henker* even bears the name of
Tschanz.

einzelne hat die Welt zu bestehen'.[1] This is the attitude
of what he calls 'mutige Menschen'.

We find these 'mutigen und zugleich demütigen Menschen' as one critic very well puts it,[2] in practically every
one of his plays. They are Dürrenmatt's own brand of
hero, the anti-hero who gracefully resigns himself and
bravely faces what has to be, who, despite there being no
individual guilt, takes responsibility upon himself: Der
Blinde, Romulus, Übelohe in *Mississippi*, Akki in *Babylon*,
all of whom Dürrenmatt quotes in the lecture of 1954–5
(*Th.*, p. 49; *Th-S.*, p. 123), and since then Ill in *Besuch*,
Böckmann in *Frank*, Möbius in *Physiker*, also the main
characters in his short radio plays *Doppelgänger* and *Nächtliches Gespräch*. The Bishop in *Es steht geschrieben* says to
Knipperdollinck, the first of Dürrenmatt's anti-heroes:

Der Mensch vermag nicht das Große, er vermag nur das
Kleine. Und das Kleine ist wichtiger als das Große. Wir
können viel Gutes tun auf der Welt, wenn wir bescheiden
sind (*Komödien II*, p. 37)

and again Gulliver at the end of *Verdacht*:

Wir können als einzelne die Welt nicht retten . . . Wir können nur im einzelnen helfen, nicht im gesamten, . . . (p. 153)

This fervent belief in humility and its efficacy brings out
a characteristically positive and optimistic note despite
all the apparent pessimism of Dürrenmatt's philosophy.

No wonder that with his view of a crazy world, domi-
nated by evil and chance, Dürrenmatt should favour satire
as a vehicle of expression. There is a long history of satirical writing in German literature, and it is not surprising

[1] In a lecture given in September 1956 'Vom Sinn der Dichtung in
unserer Zeit' (*Jahrbuch der christlichen Rundfunkarbeit*, 1958, p. 109; *Th-S.*,
p. 63).   [2] Max Wehrli, in: *Deutsche Literatur in unserer Zeit*, p. 124.

that this century with its international and social up-
heavals should have given rise to so much, from Stern-
heim in Germany and Kraus in Austria and the writings
of most of the expressionist dramatists to its culmination
in Brecht, whose influence on Dürrenmatt is unmistakable. But Dürrenmatt's Swiss environment provided its
own inspiration. Here the strong puritanical and moraliz-
ing tradition has always made itself felt and sometimes
expressed itself in satire. In the nineteenth century Jeremias
Gotthelf wrote satires in defence of the good old ways and
against all the dangers of new-fangled liberal ideas; and
Gottfried Keller in his *Novellen* betrays a satirical vein
which is mostly kind and gentle, but at times can be
scathing and biting.[1] In our own time Dürrenmatt's older
contemporary Max Frisch has given us, if not much, some
excellent satirical writing, notably in *Biedermann und die
Brandstifter* and *Die große Wut des Philipp Hotz*.

Dürrenmatt's satire is directed against all the manifestations of the nonsensicality and madness of our time:
the spectre of science running amok in its tendency to
self-destruction (*Das Unternehmen der Wega* and *Die Physiker*); the race for, and adulation of, money and success,
the craze of 'Hochkonjunktur' (it is the dominating theme
of *Panne*, *Besuch*, and *Frank*, and reappears in many other
works); and the foibles of men in general as they show
themselves in private and public life (*Grieche*, all the four
major *Hörspiele*, and among the stage plays particularly
Babylon and *Meteor*).

The grotesque is an obvious tool of satire. It also is a
characteristic mode of expression of a world in turmoil.

[1] It may be of interest in this context to draw attention to the short study
trying to establish a parallel, not entirely without foundation, between
Keller's delightful satirical *Novelle Kleider machen Leute* and our *Panne* (see
Bibliography).

Thus we find elements of it during the age of Romantic-
ism—most marked in Jean Paul and E. T. A. Hoffmann—
and particularly again in our own chaotic century: in
surrealist art, in Kafka, in the Theatre of the Absurd.
The striking parallel to Dürrenmatt in his homeland is
Paul Klee.[1] Dürrenmatt's own drawings have a strong
vein of the grotesque.[2] And no writer in contemporary
German literature has developed it to such a degree as
the basis of his art as Dürrenmatt. Kayser in his study of the
grotesque[3] singles him out for mention in the preface (quot-
ing the passage from *Theaterprobleme* p. 48 given below),
although Dürrenmatt's work is not discussed in the book.

The grotesque is an extreme form of parody. To make
its point, it uses wild exaggeration, caricature and distor-
tion, which is often gruesome, thereby achieving an effect
that can combine the hilarious and the macabre.[4] Thus in
Dürrenmatt's work the grotesque consists in what might
be termed complete topsyturvyness: 'alles steht auf dem
Kopfe'—everything is farcical and paradoxical, as in the
brilliant playfulness of *Grieche*. It is not surprising that
those parts of his work where he uses it extensively, such as
Der Blinde, *Mississippi*, even *Babylon*, or the ending of *Es
steht geschrieben*, tend to be confusing.

[1] A similar Swiss brand of grotesque and paradoxical humour is reflected
in Klee's drawings and paintings—*and* their titles, such as (in the *Berner Kunst-
museum*): 'Stilleben am Schalttag', 'harmonischer Kampf', 'zerstörtes
Labyrinth', 'Revolution des Viaduktes', to quote only a few at random.
[2] This is evident in his illustrations to his own works, e.g. *Herkules* ('Mit
Randnotizen eines Kugelschreibers').
[3] Wolfgang Kayser, *Das Groteske in Malerei und Dichtung* (published by
Rowohlt in their 'Deutsche Enzyklopädie'); cf. also K. S. Guthke, *Geschichte
und Poetik der deutschen Tragikomödie* (Vandenhoeck & Ruprecht, Göttingen,
1961).
[4] It is characteristic that frequently at crucial points we find Dürrenmatt's
characters displaying 'gespensterhafte Heiterkeit': with such macabre
hilarity Traps's revelation in *Panne* is greeted by his fellow-diners (p. 65),
the hero in *Tunnel* accepts his doom (p. 103), or Gastmann in *Richter und
Henker* welcomes his executioner (p. 131).

Dürrenmatt himself links the grotesque with his philosophy and defends it as the natural upshot of the world's
madness:

Unsere Welt hat ebenso zur Groteske geführt wie zur Atombombe, wie ja die apokalyptischen Bilder des Hieronymus
Bosch[1] auch grotesk sind. Doch das Groteske ist nur ein
sinnlicher Ausdruck, ein sinnliches Paradox, die Gestalt
nämlich einer Ungestalt, das Gesicht einer gesichtslosen
Welt, und genau so wie unser Denken ohne den Begriff des
Paradoxen nicht mehr auszukommen scheint, so auch die
Kunst, unsere Welt, die nur noch ist, weil die Atombombe
existiert: aus Furcht vor ihr. (*Th.*, p. 48; *Th-S.*, p. 122)

And on the technical level he claims that the grotesque is
the only mode of expression to achieve the 'Distanz'
necessary in theatre satirizing its own time ('Zeitkomö-
die').[2] Thus, understandably, Dürrenmatt makes syste-
matic and logical use of a completely paradoxical situation
in the two plays that deal with two of the worst manifestations of our crazy age: *Frank* (with its criminal concern
for money and prosperity) and *Physiker* (with the suicidal
destructiveness of science); and largely also in the long
radio plays. In the postscript to *Die Physiker* he makes an
important point: 'Eine solche Geschichte ist zwar grotesk,
aber nicht absurd [sinnwidrig]. Sie ist paradox.' ('Punkt'
10 and 11, *Komödien II*, p. 354; *Th-S.*, p. 194), and characteristically adds 'Im Paradoxen erscheint die Wirklichkeit' (Punkt 19, ibid.). Thus he is clearly anxious to
dissociate himself from the 'nonsense' of an Edward
Lear or from the 'Theatre of the Absurd' of an Ionesco:

---

[1] What an indelible impression Hieronymus Bosch, the forerunner of
modern surrealism, had made on Dürrenmatt, is borne out not only by his
own early drawings (such as his illustrations to *Es steht geschrieben*), but also
for instance by one of his early stories, *Das Bild des Sisyphos*, which is entirely
centred round an alleged Bosch painting.

[2] 'Anmerkung zur Komödie', *Th-S.*, p. 136.

Dürrenmatt draws sense from the seemingly nonsensical, and builds his edifice of logic on the foundation of unreason.

Various recurrent motifs are significantly connected with the paradoxical and grotesque. One of them is the theme of madness. It occurs in *Die Stadt*, *Das Versprechen*, *Mississippi*; in *Die Physiker* not only the scene but the atmosphere is that of a lunatic asylum, even the doctor in charge gives the impression of madness, and the three main characters all pretend to be insane.

This leads to the next theme: changing rôles, pretending to be what one is not, wishing to lose one's identity. There is the *Doppelgänger* motif in the radio play of that name. In *Physiker* each of the three 'madmen' claims to be someone else. In *Babylon* Nebukadnezar dresses up as a beggar and thereby triggers off the development of the action. The theme of disguise runs through the whole of *Frank*. And the quartet of old men in *Panne* play-act their former professions. Justice is often done vicariously: people set themselves up, or act, as judges or executioners.

Dürrenmatt's interest in murder and death is another facet of his love of the grotesque. Murders occur not only in the detective novels, but also in his plays. 'Mord ist an der Tagesordnung', one might well say; and this has increased in his more recent work, so that in *Abendstunde* and *Frank* the whole plot consists of a series of murders, and *Physiker* has a murder in the exposition, opens with a corpse on the stage and continues with a third murder. As Dürrenmatt himself explains,

(Die Bühne) ist ... eine ... erfabulierte Welt, ... in welcher der Tod selbst nicht etwas Schreckliches, sondern nur einen dramaturgischen Kniff darstellt ... (*Der Rest ist Dank*, p. 30 f.; *Th-S.*, p. 73)

His inventiveness never fails in conjuring up new situations in this respect: murder in the spirit though not in the letter (Fräulein von Zahnd in *Physiker*, Traps in *Panne*, and in a different sense Bärlach in *Richter und Henker*); odd cases of murders so perfectly perpetrated that they remain for ever undetected (as Gastmann's in *Richter und Henker*, and especially in *Abendstunde* where this is the whole theme and essence of the piece, and where, to top everything, the 'Besucher' is even finally forced so to speak to murder himself). A novel variant is the multiplicity and variety of grotesque deaths (accidental, suicidal, etc.) in *Der Meteor*, which contrast with the hero's equally grotesque inability to die a final death when he is exasperatedly longing for it.[1]

Even Dürrenmatt's predilection for portraying feasts contains a strong element of the grotesque. A diabetic himself, he describes such meals with great relish, and has more and more tended to forge a grotesque link between them and some sinister happening of 'justice being done'. In the last chapter of *Richter und Henker* for instance the detective hero Bärlach, himself desperately ill with stomach cancer, draws grim enjoyment from the sumptuous meal he has specially arranged for the final confrontation with the criminal; and in *Die Panne* the whole 'trial' unfolds in the course of an elaborate dinner.

An interesting offshoot of Dürrenmatt's quest for the grotesque and the paradoxical is the plot with two alternative endings. In *Grieche sucht Griechin* the unhappy ending is followed by a happy alternative 'for lending libraries'. The same is true of *Die Panne* where radio version and prose story have opposite endings. And one may add

[1] In a recent publication (*Heimat im Plakat, Ein Buch für Schweizer Kinder*, Diogenes, Zürich, 1963), consisting entirely of drawings by Dürrenmatt, done originally for his own children, grotesque figures of Death are very much in evidence.

here *Das Versprechen* which again differs from the original film script as does the scenario of *Mississippi* from the ending of the play. This is the result not only of Dürrenmatt's ever-readiness to modify his work, his purposeful lack of finality,[1] but also of his philosophy: if there is no guilt and if all is governed by chance, anything may happen, some chance event may easily reverse the situation.

These are the main aspects of Dürrenmatt's art: an interest in justice; satire; and the grotesque. We must now ask how these elements balance and harmonize.

Satire basically springs from a concern with what is wrong in the world, a desire to see it changed, to set right what was wrong. Here Dürrenmatt's position is clear: however much he criticizes, he also wishes to keep aloof from the fray; he wants to point out the fault, but he does not wish to become too involved. It is not without significance that his lecture on the theatre ends with the words:

Die Literatur muß so leicht werden, daß sie auf der Waage der heutigen Literaturkritik nichts mehr wiegt: Nur so wird sie wieder gewichtig. (*Th.*, p. 60; *Th-S.*, p. 131)

More recently he has made this even clearer with particular reference to himself:

Ich bin beunruhigt. Nicht eigentlich darüber, daß man mich ernst, sondern daß man mich bierernst nehmen, daß man mich entweder in ein moralisches Licht hineinstoßen könnte, welches mir weder zukommt noch bekömmlich ist, oder daß man mir gar einen Zynismus zuschreiben möchte, der auch nicht zutrifft. Es gibt Witze, die mit Blitzesschnelle

---

[1] Not only have some works been recast for different media and several plays been published in more than one version, but with others, too, such as *Der Besuch* he has always been most accommodating in remoulding and rearranging for different occasions and producers.

ankommen müssen, wollen sie wirken . . . Ich bin nun
einmal in der Welt der literarischen Erscheinungen so ein
Witz, und ich weiß, für viele ein schlechter und für manche
ein bedenklicher. (*Der Rest ist Dank*, p. 28 f.; *Th-S.*, p. 71 f.)

In der unwillkürlichen Moralität des Theaters liegt seine
Moral, nicht in seiner erstrebten. (*Der Rest ist Dank*, p. 32;
Th-S., p. 73)

Or again in the 'Richtlinien der Regie' to the 'Bochumer
Fassung' of *Frank der Fünfte*;

Ich bin schließlich Komödienschreiber, und wenn ich
bisweilen wohl auch ein Moralist bin, so doch nur ein nach-
träglicher, . . . (*Komödien II*, p. 282; *Th-S.*, p. 192)

But there is more to it. It is fundamental to Dürrenmatt's philosophy of life that the tragic aspects of the
world *can* only be expressed in comedy:

Die Tragödie, als die gestrengste Kunstgattung, setzt eine
gestaltete Welt voraus. Die Komödie . . . eine ungestaltete,
im Werden, im Umsturz begriffene, eine Welt, die am
Zusammenpacken ist wie die unsrige. (*Th.*, p. 45; *Th-S.*,
p. 120 f.)

Uns kommt nur noch die Komödie bei. (*Th.*, p. 48; *Th-S.*,
p. 122)

Doch ist das Tragische immer noch möglich, auch wenn
die reine Tragödie nicht mehr möglich ist. Wir können das
Tragische aus der Komödie heraus erzielen, hervorbringen
als einen schrecklichen Moment, als einen sich öffnenden
Abgrund . . . (ibid.)

All we can do at this juncture, is to laugh at the world—
and this he does. With a tremendously lively imagination
he invents plots which rival the versatility of a Jean Paul
or Dickens. As he expounds himself,

Das Mittel nun, mit dem die Komödie Distanz schafft, ist
der Einfall. Die Tragödie ist ohne Einfall . . . Aristophanes

dagegen lebt vom Einfall. (*Th.*, p. 46 f.; *Th-S.*, p. 121. Cf. also 'Anmerkung zur Komödie', *Th-S.*, p. 132 f.)

But in so doing he exposes himself to the risk of never being taken seriously, of being thought merely a cynic with his tongue in his cheek.

There is a further aspect of his work that tends to encourage this misunderstanding. Dürrenmatt's concern with the ills that beset humanity is always directed at mankind as a whole. He is not interested in problems affecting individuals. Even though individuals may be the agents or the victims of dramatic action, they themselves do not matter—it is universal problems which interest the author and in which he wishes to interest us. While it is true that the problems Dürrenmatt poses are taken from life, it is equally true that the characters acting out these problems are prototypes rather than individuals.[1] One notices this lack of character-drawing particularly in his women characters.

Ill or Claire Zachanassian are not the hero or heroine of *Der Besuch der alten Dame*—it is the 'Besuch' resulting in the temptation of the whole community that makes such fascinating drama. It would be wrong to speak of Ill as a type, but it would be no less wrong to speak of him as an individual. Whatever he does and experiences and suffers, it is as a representative of mankind. Our interest in Traps's experience in *Die Panne* does not concern Traps the individual. What enthrals us is the extraordinary chain of events that involves him, something that we feel might befall any of us. And even in so harrowing and nightmarish an experience as that described in *Der Tunnel*, the person actually undergoing it does not really arouse our

---

[1] Cf. Dürrenmatt's own words at the close of his philosophical introduction to *Die Panne*: '. . . indem aus einem Dutzendgesicht die Menschheit blickt, Pech sich ohne Absicht ins Allgemeine weitet, . . .' (p. 38).

interest. It is the experience that engages us in its terrify-
ing development. Again Dürrenmatt himself makes this
clear when, in his introduction to *Die Panne* at the very
beginning of its 'Part I', he rejects literary involvement in
the personal problems of individuals: in fact, this very
passage has been taken to be a gentle sneer at his colleague
Frisch and what he stands for.[1]

The result of a comparison between the two is that
whereas one feels human warmth and sympathy and real
interest in people emanating from Frisch's work, one
misses this in Dürrenmatt, who gives the impression of
caring about man rather than men. However much his
anti-heroes in particular have the author's sympathy, they
appear as examples of what he wants to demonstrate, and
ultimately remain puppets in his hands. The very fact
that in his note at the end of *Romulus* Dürrenmatt pleads

> Menschlichkeit ist vom Schauspieler hinter jeder meiner
> Gestalten zu entdecken, sonst lassen sie sich gar nicht spielen.
> Dies gilt von allen meinen Stücken (*Komödien I*, p. 85; *Th-S.*,
> p. 176),[2]

is the best proof of a failure, felt by the author himself.

His delight in comedy and his detachment have between them obscured the message. 'Die Komödie schafft
Distanz', he says (*Th.*, p. 46; *Th-S.*, p. 121). With Brecht
this detachment or 'alienation' succeeds: one is never in
doubt about the message and his passionate concern and
involvement. With Dürrenmatt there is the danger that
the balance between theme and technique may sometimes
be upset. One may easily feel this about *Frank* or *Die*

---

[1] See Bänziger, *Frisch und Dürrenmatt*, p. 161. Cf. also Dürrenmatt's own
review of Frisch's novel *Stiller* ('Fragment einer Kritik', *Th-S.*, p. 261 ff.).

[2] With even more pressing emphasis repeated in his direction for the
production of the new version of *Frank* (*Komödien II*, p. 281 f.; *Th-S.*, p.
190 ff.).

Physiker. Where he achieves balance, as in *Der Besuch* or *Die Panne*, the effect on the reader is immediate.

B. 'DIE PANNE' AND 'DER TUNNEL'

Die Panne

Dürrenmatt's renown as a German dramatist is beyond question (not even to be outstripped soon by Martin Walser or Peter Weiss). In a different way his novels have become best-sellers. It is to be hoped that these two stories, and *Die Panne* in particular, will show his equal mastery in a smaller genre.

Die Panne was first executed as a more light-hearted radio play (and has since been adapted for television and the stage).[1] In its remodelled form as a *Novelle* it tends to approach the status of a tragedy. For this more serious aspect of it some kind of philosophical basis is provided by the introductory 'Part I', a short theoretical reflection which Dürrenmatt added to the narrative version.

The story itself has a gripping plot. It is amusingly told with a wry wit, in the original setting of a mock trial, with new and unexpected developments and revelations at every turn. All this is set against the background of a magnificent dinner: as the meal proceeds and is enjoyed by the company, and most of all by the guest and victim of the joke, so the situation becomes ever more intricate and macabre. And in the pauses of this development and of the dinner there is the contrast of peaceful nature and of the occasional humorous echo from the outside world.

Much of the story has a strong element of the grotesque: certainly the four 'Käuze' in themselves, with their bizarre

[1] It was performed as a two-act play (*The Deadly Game*) at the Ashcroft Theatre, Croydon, in April 1963.

appearance, their voracity and table manners, their sinister humour and tremendous enjoyment of the game and of Traps's growing predicament, and altogether the increasingly macabre development of the situation are examples.

Satire in the story is mainly directed against the worship of mammon and success, and against the hypocrisy of accepted morality.

At the centre of the story, however, lies a serious problem of justice: the position of a man who in the legal sense has committed no crime and yet is directly responsible for another man's death. Though legally unassailable, he bears the full weight of moral guilt. But there is the further consideration that he is ultimately a victim of the age, in that the ruthlessness he has shown is customary in business circles. Is he then to be regarded as relatively innocent, and is society to bear the collective guilt? One might feel tempted to include Traps among the unheroic heroes who have the courage of failure—but he is not quite positive enough a character to deserve this distinction. For perhaps the main reason for his acceptance of guilt is but a further success complex. Suddenly to discover himself to be a murderer endows him with so much more importance: it lifts him out of his ordinary bourgeois existence into a sphere of apparent heroic glory (cf. pp. 78f., 82f., 85)—and this is not compatible with the true humility that characterizes Dürrenmatt's anti-heroes. But one can see how the story is full of such unresolved questions.[1]

Finally there is the element of chance, that corner-

---

[1] Dürrenmatt himself comments in his 'Ansprache anläßlich der Verleihung des Kriegsblindenpreises' (which he received in 1957 for the radio play): 'Wie der einzelne die Welt besteht oder wie er untergeht, ist das Thema auch meines Hörspiels, das hier ausgezeichnet wird, auch wenn der Hauptheld, der Textilreisende Alfredo Traps, nicht sehr viel von dem, was vorfiel, kapierte' (*Th-S.*, p. 48).

stone of Dürrenmatt's view of the universe in our age (see
p. 11 f. above). It is reflected in the very word 'Panne', in
the diversity of the meanings and associations with which
it is used in the course of the story. For one, in its literal
sense of the breakdown of a car (a chance happening that
triggers off the whole action of the story), for another in
the figurative sense of a breakdown in life, things going
wrong, a sudden crisis and collapse. Within the compass of
these two meanings it has a variety of shades. It ranges
from the chance that makes Traps drift into the lawyers'
den, to his 'geistige Panne', the mental collapse in which
his counsel sees the only explanation for his determined
acceptance of guilt (p. 85). It implies the process in which
Traps's whole world and beliefs collapse under the impact
of the 'trial'. It can be applied to the aberration that ac-
tuated his behaviour towards his boss, and would equally
apply to what happened to the latter. The ending is also a
'Panne'—not only spoiling the game, but also finally
'spoiling' the hero's life. Thus when Dürrenmatt at the
end of 'Part I' (p. 38) speaks of 'diese Welt der Pannen'
he expresses the essence of his creed that our present-
day world is no longer ruled by the fate of the ancient
tragedians, but merely by odd mishaps constituting the
tragi-comedy of our lives.

Since it is a chance event that sets off the whole action
it is only logical that by the same element of chance it
might end in quite a different way: this is brought out by
the existence of the opposite ending in the *Hörspiel*. On the
whole the latter follows fairly closely the pattern of our
Novelle, but a brief account of the one or two major
divergencies is needed.

The difference that strikes one most is that Traps's 'conversion', brought about so subtly and gradually in the
Novelle, takes place very suddenly in the radio version,

C

where it is preceded by a lengthy remonstration on the part of Traps, explaining how he had wanted to do harm but not to kill. This prolonged attempt at defence followed by a sudden collapse may be more true to life, but it lacks the very effective and almost metaphysical atmosphere which Traps's gradual awakening to his own great 'truth' achieves in our story. We must assume that the author, when writing the radio play, had not yet conceived the detailed development of Traps's conversion, or felt that altogether it would be far more difficult to get across to a radio audience, so that the lighter and more humorous treatment was more suited to that medium.

All the other major divergencies in the *Hörspiel* have the effect of heightening the sinister atmosphere and bringing it to a tremendous climax, then to surprise and amuse by the sudden anticlimax and the cynicism of a 'happy' ending.

Here the whole build-up of the legal game is much more realistic, particularly towards the end. We learn that the guests are allotted different rooms according to the sentences pronounced by the court: not only do we hear at the end that one of the guests is still there, sleeping off his hangover, but we even meet another sinister figure, Tobias, who has become a permanent inhabitant as a 'lifer'. With Traps, who is elaborately taken up to his room by Pilet, we are introduced to the fine collection of instruments of torture fittingly culminating in the guillotine in his own room. After this perfect build-up of the gruesome situation Traps (with the listener) fully expects execution and is quite surprised and dazed when he is made to take off his shoes to go to bed. There follows an entirely different final scene—a kind of epilogue: waking up next morning, Traps is brought back to earth, and musing briefly on the funny game of the previous night in which he had been convinced that he was a murderer—he of all people, who

would not harm a fly—he plunges right back into the
hard reality of his—murderous—business life.

Der Tunnel

This very short tale, conceived in the early and middle
forties and written down in 1952, is quite different from
Die Panne—in fact in many ways its opposite. It is a short
sketch done with equal sureness of touch, but much more
personal and realistic to begin with, and much more surrealist and unrelieved in its horror as it unfolds (thus be-
traying many Kafkaesque traits). It is, as will be seen from
the notes, almost completely autobiographical in its frame
and setting, and it is also a modern parable in the form of
a nightmarish apocalyptic vision experienced by the hero.

A young man in whose description and circumstances
the author himself is recognizable, enters on a journey
such as Dürrenmatt regularly undertook during his university studies—and soon finds himself embroiled in a
nightmare adventure. As the journey goes on, the increas-
ing terror of this harrowing experience is described in a
way which marks the beginning of Dürrenmatt's mature
narrative style, which was soon to lead to *Grieche sucht
Griechin* and *Die Panne*.

At this time Dürrenmatt had not yet quite found the
answer that later suggested itself to him: to laugh off the
horror with satire and the grotesque. There is very little
satire. The grotesque pervades the whole concept; but it
is presented in straightforward terms of unmitigated terror,
and the impact of the story is even more poignant because
of its almost total lack of light relief.

The most general interpretation of this parable is that
it is the expression of an age of *Weltschmerz*, both in an
individual in his early twenties and in the world at large
at such a critical juncture as ours. Thus the young man,

desperately trying to escape from the horrors of the world, is yet inescapably drawn into the general cataclysm. The whole journey is a symbolic expression of life itself: we may think we know where we are going, but actually we have no control over our destiny.

One can also suggest a symbolical interpretation of the other sketchy characters and their reactions. The indifference of his fellow passengers to what is happening indicates that the more philistine are impervious to the horrors of the world, that it falls to the sensitive and artistically perceptive alone to feel their full weight. If the 'Zugspersonal' try to conceal the true facts as long as possible, this might easily symbolize the reaction of governments and men in public life in the face of catastrophe: they know the danger but are unable or unwilling to do anything about it.

At the very end there is not only utter despair but also a ray of light, almost redemption. The hero's final remark, modifying his original merciless 'Nichts'—'nothing to be done about it', contains an element both of despair and of hope: despair at the thought of being sent to destruction by God, hope in the second thought that this also means return to Him. With this turn towards a more positive attitude (brought out also by the 'gespensterhafte Heiterkeit' with which he now even embraces his fate) the hero really joins the number of Dürrenmatt's anti-heroes. It may be taken as symbolic that the 'Wattebüschel', one of the items of his defence mechanism against the hidden horrors of the world, vanish at this moment, just as now for the first time he opens his eyes wide: he no longer tries to shut himself away from the dangers of life in futile escapism, but like those other 'mutige Menschen' now bravely faces the inevitable. This once more underlines the basic optimism in the author's philosophy.

Style and language in Die Panne *and* Der Tunnel

In his longer works Dürrenmatt shows his inventiveness and sense of humour largely in the names he chooses. In his shorter pieces (including the short radio sketches) he is more restrained in this respect, and one almost feels that he tries to achieve 'Distanzierung' by a kind of anonymity.

The host in *Panne* has no name in the *Novelle* (in the *Hörspiel* it just occurs but remains insignificant), and apart from occasional references to his minute stature, he is just 'host' or 'judge'; the two others, although introduced by name, are usually called 'prosecutor' and 'counsel for the defence'; even Traps figures as 'der Generalvertreter'; and Pilet is referred to by some characteristic feature, such as 'der Glatzköpfige', 'der Schweigsame', or a combination of more than one such epithet. Similarly in *Tunnel* the nameless hero is mostly 'der Vierundzwanzigjährige'.

When names are used, they are often 'sprechende Namen', such as Zorn and Kummer for prosecutor and defence counsel, and Hölle as an authority on the practice of cross-examination; Pilet's name has a possible sinister association, too; and Keller in *Tunnel* is appropriate for the guard of the train that plunges into the depth of the earth. Sometimes the author delights in invention for its own sake or in the oddity of the sound, as with Alfredo Traps and Gygax; or he enjoys finding convincing names for non-existent commercial goods such as the Réserve des Maréchaux (p. 51) and Hephaiston (p. 52).

The important places in *Panne* remain anonymous: neither the village which is the scene of the story nor Traps's home town have a name. Only what has no bearing on the plot is given one, for the sake of authenticity or local colour: e.g. Großbiestringen (p. 40), Rotacher AG. (p. 42), the Rathauskeller (p. 77). In *Tunnel* the

very opposite treatment was required: here the real route
and the tunnel at Burgdorf, familiar to anybody frequent-
ing the line between Berne and Zurich or Basle, enhance
the harrowing effect of the experience by showing that the
inexplicable and horrifying lurks even behind the most
familiar and routine trappings of our lives.

In his language Dürrenmatt reveals himself a complete
master of style. In some of his earliest works (*Pilatus, Es
steht geschrieben, Der Blinde*) his language frequently has the
epic-lyric beauty of biblical diction. Later, as in *Der Tunnel*, it has an even, quiet flow, which emphasizes the haras-
sing urgency of the subject. By the time he wrote *Die
Panne* he had fully acquired the gift of handling satirical
and even whimsical style.

In the introduction ('Part I') to *Die Panne* he adopts the
long-winded manner (sentences taking up a whole page
of the original text) for which German philosophical and
theoretical writing is notorious; but here, too, he largely
retains his lucidity. In the story itself he uses means like
alliteration and assonance to great effect: they arise
spontaneously even in ordinary everyday phrases. One
can point to such obvious cases as 'zu denken und zu
dichten, zu schnurren und zu schnarren' (p. 61), 'weder
geziert noch gezaudert' (p. 62), juxtapositions like 'Büschen, Buchen . . . Blumen' (p. 40), 'Verwirrung, Verwilderung . . ., Faustrecht und Fehlen . . .' (p. 83), or a
passage like 'sie ahnten eine Steinbank, setzten sich.
Sterne spiegelten sich' (p. 57 f.); and it is no exaggeration
to say that examples will be found on every page.

There is, however, also a negative side to Dürrenmatt's
language: its occasional lack of care and correctness. It is
not so much personal idiosyncrasies such as 'Walten und
Schalten' (p. 84), 'Kampf um den Brotkorb' (ibid.),
'Wattebüschel' (p. 91); or the use of specifically Swiss

terms like Bühl (p. 39), Pinte (p. 40), Handorgel (p. 65),
Zapfen (ibid.), Jahrzahl (p. 66), Leuchtreklame (p. 76),
währschaft (p. 77): these 'Helveticisms' in diction only
add to the local colour and thereby to the naturalness
and liveliness of his style. But the use of local language
extends to its neglect of standard grammar. This has been
especially noted in *Die Panne*, where the original edition
of 1956 contained several such grammatical solecisms, for
which Dürrenmatt was severely criticized at the time[1] and
which he has been at pains to eliminate in subsequent
reprints from the 'Neue Ausgabe' of 1959 onwards. In
fact, the new editions contain no other important altera-
tions except careful revision of the language, including
punctuation. But even in such minor matters as spelling
inconsistencies persist, for instance between small and capital letters for 'du' and 'dein' (cf. p. 73; or pp. 77 and 90);
and certain serious errors that had not been mentioned in
the review are still left in the text: '*sich* selber zu sein'
(p. 81), 'beim Durchschnitts*mensch*' (p. 87), 'ein Pergament . . . mit akademischen Phrasen, Latein und alt*es*
Deutsch' (p. 89). And in *Der Tunnel* we find: 'gibt es *am
meisten* Tunnel der ganzen Welt' (p. 95), '. . . Zügen, *die* er an
den Sonntagnachmittagen gefahren war' (p. 96), 'Der
Zugführer *hing* seine rote Tasche an einen Haken' (p. 97),
'Koff*ern* standen herum' (p. 97) and 'Koff*ern* rutschten
heran' (p. 98).

These are not deliberate grammatical flaws calculated
to portray the 'Kitschigkeit' of this age of prosperity, its
lack of concern for style and language as for anything
but material interests. Nor can it be claimed that they
reflect the personal language of any of Dürrenmatt's
characters, for only Pilet is characterized by his unedu-
cated speech, and most of the errors occur in narrative

---

[1] Cf. Bibliography for Werner Weber's review.

passages. But as we exonerate the mathematical genius
who may not always add up correctly, we should not hold
against a brilliant stylist and storyteller his weakness on
more elementary points: particularly when, as with Dürrenmatt, most of such flaws are part and parcel of the
living language spoken around him every day.

C. BIBLIOGRAPHY

(i) WORKS BY DÜRRENMATT

The first figure indicates the year of writing as near to the correct
date as is ascertainable; the figure in brackets gives the year of
publication.

All the works are published by the Verlag der Arche, Zürich,
except where stated otherwise.

(a) Stage Plays

1946 *Es steht geschrieben* (Schwabe, Basel, 1947; Arche, 1959).

1947 *Der Blinde* (1960).

1948 *Romulus der Große* (Reiss, Basel, 1956; 2nd version, Arche,
1957, 3rd version, Arche, 1961).

1950 *Die Ehe des Herrn Mississippi* (Oprecht, Zürich, 1952; 2nd version, Oprecht, 1957).

1953 *Ein Engel kommt nach Babylon* (1954, 2nd version, 1957).

1955 *Der Besuch der alten Dame* (1956).

1958 *Frank der Fünfte* (1960, 'Bochum version', 1964).

1961 *Die Physiker* (1962).

1962 *Herkules und der Stall des Augias* (1963 'Der neue Herkules' or
'Theaterfassung').

1965 *Der Meteor* (1966).
    Collected editions: *Komödien I* (1957, 2nd ed. 1961): *Romulus,
    Mississippi, Babylon, Besuch.*
    Komödien II und frühe Stücke (1964): *Es steht geschrieben, Der
    Blinde, Frank, Physiker, Herkules.*

(b) Radio Plays

1946 *Der Doppelgänger* (1960).

1951 *Der Prozeß um des Esels Schatten* (1958).

1952 *Nächtliches Gespräch mit einem verachteten Menschen* (1957).
Stranitzky und der Nationalheld (in: 'Hörspielbuch 1953', Europäische Verlagsanstalt, Frankfurt a/M, 1953; Arche, 1959).
1954 *Herkules und der Stall des Augias* (1954).
Das Unternehmen der Wega (1958).
1955 *Die Panne* (1962).
1956 *Abendstunde im Spätherbst* (1959).
Collected edition: *Gesammelte Hörspiele* (1961), containing all 8.

(c) *Novels*

1950 *Der Richter und sein Henker* (Benziger, Einsiedeln, 1952; also Rowohlt, Hamburg, 1955, as 'rororo-Taschenbuch' Nr. 150).
1951 *Der Verdacht* (Benziger, Einsiedeln, 1953; also Rowohlt, Hamburg, 1961, as 'rororo-Taschenbuch' Nr. 448).
1955 *Grieche sucht Griechin* (1955; also Ullstein, Frankfurt, 1958, as 'Ullstein Buch' Nr. 199).
1957 *Das Versprechen* (1958).

(d) *Stories*

1943 *Weihnacht.*
Der Folterknecht.
1945 *Das Bild des Sisyphos.*
Der Theaterdirektor.
1946 *Die Falle* (Holunderpresse, Horgen, 1950, under the title *Der Nihilist*).
Der Hund.
Pilatus (Vereinigung der Oltener Buchfreunde, Olten, 1949; Arche, 1963).
1947 *Die Stadt.*
1952 *Der Tunnel* (1964).
Collected edition: *Die Stadt, Prosa I–IV* (1952, new ed. 1959), containing all the above; only the 3 indicated here have been published separately.
1956 *Die Panne* (1956, new ed. 1959).

(e) *Theoretical Publications*

1954 *Theaterprobleme* (1955): a lecture.
1959 *Friedrich Schiller* (1960): a speech made on receiving the 'Schillerpreis der Stadt Mannheim'.
1960 *Der Rest ist Dank* (1961): a speech made on receiving the 'Großer Preis der Schweizerischen Schillerstiftung' at Zurich.

Collected edition: *Theater-Schriften und Reden* (1966), containing
the above and other theoretical and critical utterances (speeches,
lectures, articles and reviews, aphorisms, notes to his plays, and
the 'Einleitung zur *Panne*').

(ii) ENGLISH EDITIONS

(a) *Editions with Notes*

Der Besuch der alten Dame, ed. by P. K. Ackermann (Houghton, New
York, 1960; Methuen, London, 1961).
Romulus der Große, ed. by H. F. Garten (Houghton, New York, 1962;
Methuen, London, 1962).
Der Richter und sein Henker, ed. by W. Gillis and J. J. Neumaier
(Houghton, New York, 1961).
Der Richter und sein Henker, ed. by L. Forster (Harrap, London, 1962).
Der Verdacht, ed. by L. Forster (Harrap, London, 1965).

(b) *English Translations of* Die Panne *and* Der Tunnel

Panne: Traps, transl. by R. & C. Winston (Knopf, New York, 1960).
   A Dangerous Game, transl. by R. & C. Winston (Cape, London,
   1960).
Tunnel: The Tunnel, transl. by H. M. Waidson, in: *London Magazine*,
   June 1959, and in: *Modern German Stories*, ed. by H. M. Waidson
   (Faber & Faber, London, 1961).
   The Tunnel, transl. by P. Bridgwater, in: 'Deutsche Reihe f.
   Ausländer', Reihe F, vol. III (Hueber, München, 1964).

(iii) CRITICAL STUDIES

(a) *In general*

Hans Bänziger, *Frisch und Dürrenmatt* (Francke, Bern, 1960, 2nd ed.
   1962).
Elisabeth Brock-Sulzer, *Friedrich Dürrenmatt, Stationen seines Werkes*
   (Arche, Zürich, 1960, 2nd ed. 1964).
Therese Poser, 'Friedrich Dürrenmatt', in: *Zur Interpretation des
   modernen Dramas*, ed. by R. Geißler (Diesterweg, Frankfurt, 1960).
Der unbequeme Dürrenmatt (6 contributions): 'Theater unserer Zeit',
   vol. 4 (Basilius Presse, Basel, 1962).
Joseph Strelka, *Brecht Horváth Dürrenmatt, Wege und Abwege des
   modernen Dramas* (Forum, Wien, 1962).
C. M. Jauslin, *Friedrich Dürrenmatt, Zur Struktur seiner Dramen* (Juris,
   Zürich, 1965).

Urs Jenny, *Friedrich Dürrenmatt:* 'Friedrichs Dramatiker des Welt-theaters', vol. 6 (Friedrich Verlag, Velber bei Hannover, 1965).

(b) *On* Die Panne *and* Der Tunnel

Werner Weber, 'Dürrenmatts *Panne*' (review, with particular reference to the language), *Neue Zürcher Zeitung*, 15 December 1956.

Lida Kirchberger, '*Kleider machen Leute* and Dürrenmatt's *Panne*', *Monatshefte* LII (1960), pp. 1–8.

Hans Mayer, '*Die Panne*', in: Hans Mayer, *Dürrenmatt und Frisch, Anmerkungen*: 'Opuscula aus Wissenschaft und Dichtung', vol. 4 (Neske, Pfullingen, 1963), pp. 22–32.

Werner Zimmermann, '*Der Tunnel*', in: Werner Zimmermann, *Deutsche Prosadichtungen der Gegenwart* (Pädagogischer Verlag Schwamm, Düsseldorf, 1960), vol. III, pp. 229–35.

Die Panne

Eine noch mögliche Geschichte

GIBT es noch mögliche Geschichten, Geschichten für Schriftsteller? Will einer nicht von sich erzählen, romantisch, lyrisch sein Ich verallgemeinern, fühlt er keinen Zwang, von seinen Hoffnungen und Niederlagen zu reden, durchaus wahrhaftig, und von seiner Weise, bei Frauen zu liegen, wie wenn Wahrhaftigkeit dies alles ins Allgemeine transponieren würde und nicht viel mehr ins medizinische, psychologische bestenfalls, will einer dies nicht tun, vielmehr diskret zurücktreten, das Private höflich wahren, den Stoff vor sich wie ein Bildhauer sein Material, an ihm arbeitend und an ihm sich entwickelnd und als eine Art Klassiker versuchen, nicht gleich zu verzweifeln, wenn auch der bare Unsinn kaum zu leugnen ist, der überall zum Vorschein kommt, dann wird Schreiben schwieriger und einsamer, auch sinnloser, eine gute Note in der Literaturgeschichte interessiert nicht — wer bekam nicht schon gute Noten, welche Stümpereien wurden nicht schon ausgezeichnet —, die Forderungen des Tags sind wichtiger. Doch auch hier ein Dilemma und ungünstige Marktlage.[1] Bloße Unterhaltung bietet das Leben, am Abend das Kino, Poesie die Tageszeitung unter dem Strich,[2] für mehr, doch sozialerweise schon von einem Franken an,[3] wird Seele gefordert, Geständ-

nisse, Wahrhaftigkeit eben, höhere Werte sollen geliefert
werden, Moralien,[4] brauchbare Sentenzen, irgendetwas
soll überwunden oder bejaht werden, bald Christentum,
bald gängige Verzweiflung,[5] Literatur alles in allem.
Doch wenn dies zu produzieren der Autor sich weigert,
immer mehr, immer hartnäckiger, weil er sich zwar im
klaren ist, daß der Grund seines Schreibens bei ihm liegt,
in seinem Bewußten und Unbewußten in je nach Fall
dosiertem Verhältnis,[6] in seinem Glauben und Zweifeln,
jedoch auch meint, gerade dies gehe das Publikum nun
wirklich nichts an, es genüge, was er schreibt, gestaltet,
formt, man zeige appetitlicherweise[7] die Oberfläche und
nur diese, arbeite an ihr und nur dort, im übrigen sei der
Mund zu halten, weder zu kommentieren noch zu
schwatzen? Angelangt bei dieser Erkenntnis, wird er
stocken, zögern, ratlos werden, dies wird kaum zu ver-
meiden sein. Die Ahnung steigt auf, es gebe nichts mehr
zu erzählen, die Abdankung wird ernstlich in Erwägung
gezogen, vielleicht sind einige Sätze noch möglich, sonst
aber Schwenkung in die Biologie, um der Explosion der
Menschheit, den vorrückenden Milliarden, den unabläs-
sig liefernden Gebärmüttern wenigstens gedanklich bei-
zukommen, oder in die Physik, in die Astronomie, sich
über das Gerüst ordnungshalber Rechenschaft abzulegen,
in welchem wir pendeln.[8] Der Rest für die Illustrierte,[9]
für Life, Match, Quick und für die Sie und Er: der
Präsident unter dem Sauerstoffzelt,[10] Onkel Bulganin[11]
in seinem Garten, die Prinzessin mit ihrem Tausendsassa von Flugkapitän,[12] Filmgrößen und Dollargesichter,
auswechselbar, schon aus der Mode, kaum wird von
ihnen gesprochen. Daneben der Alltag eines jeden, west-
europäisch in meinem Fall, schweizerisch genauer,
schlechtes Wetter und Konjunktur,[13] Sorgen und Plagen,
Erschütterungen durch private Ereignisse, doch ohne

Zusammenhang mit dem Weltganzen, mit dem Ablauf
der Dinge und Undinge,[14] mit dem Abspulen der Notwendigkeiten.[15] Das Schicksal hat die Bühne verlassen,
auf der gespielt wird, um hinter den Kulissen zu lauern,
außerhalb der gültigen Dramaturgie, im Vordergrund
wird alles zum Unfall, die Krankheiten, die Krisen.
Selbst der Krieg wird abhängig davon, ob die Elektronen-
Hirne sein Rentieren voraussagen, doch wird dies nie der
Fall sein, weiß man, gesetzt die Rechenmaschinen funk-
tionieren, nur noch Niederlagen sind mathematisch
denkbar; wehe nur, wenn Fälschungen stattfinden, ver-
botene Eingriffe in die künstlichen Hirne, doch auch dies
weniger peinlich als die Möglichkeit, daß eine Schraube
sich lockert, eine Spule in Unordnung gerät, ein Taster[16]
falsch reagiert, Weltuntergang aus technischem Kurz-
schluß, Fehlschaltung. So droht kein Gott mehr, keine
Gerechtigkeit, kein Fatum wie in der fünften Symphonie,[17] sondern Verkehrsunfälle, Deichbrüche infolge
Fehlkonstruktion, Explosion einer Atombombenfabrik,
hervorgerufen durch einen zerstreuten Laboranten, falsch
eingestellte Brutmaschinen.[18] In diese Welt der Pannen[19]
führt unser Weg, an dessen staubigem Rande nebst
Reklamewänden für Ballyschuhe,[20] Studebaker, Ice-
crème[21] und den Gedenksteinen der Verunfallten[22] sich
noch einige mögliche Geschichten ergeben, indem aus
einem Dutzendgesicht die Menschheit blickt, Pech sich
ohne Absicht ins Allgemeine weitet, Gericht und Gerechtigkeit sichtbar werden, vielleicht auch Gnade,[23]
zufällig aufgefangen, widergespiegelt vom Monokel eines
Betrunkenen.

ZWEITER TEIL

UNFALL, harmlos zwar, Panne auch hier: Alfredo
Traps,[24] um den Namen zu nennen, in der Textilbranche[25] beschäftigt, fünfundvierzig, noch lange nicht
korpulent, angenehme Erscheinung, mit genügenden
Manieren, wenn auch eine gewisse Dressur verratend,[26]
indem Primitives, Hausiererhaftes durchschimmert —,
dieser Zeitgenosse hatte sich eben noch mit seinem Studebaker über eine der großen Straßen des Landes bewegt,
konnte schon hoffen, in einer Stunde seinen Wohnort,
eine größere Stadt, zu erreichen, als der Wagen streikte.
Er ging einfach nicht mehr. Hilflos lag die rotlackierte
Maschine am Fuße eines kleineren Hügels, über den sich
die Straße spann; im Norden hatte sich eine Cumulus-
wolke gebildet, und im Westen stand die Sonne immer
noch hoch, fast nachmittäglich. Traps rauchte eine
Zigarette und tat dann das Nötige. Der Garagist, der den
Studebaker schließlich abschleppte, erklärte, den Schaden
nicht vor dem andern Morgen beheben zu können,
Fehler in der Benzinzufuhr. Ob dies stimmte, war weder
ausfindig zu machen, noch ratsam, es zu versuchen;
Garagisten ist man ausgeliefert wie einst Raubrittern, noch
früher Ortsgöttern[27] und Dämonen. Zu bequem, die
halbe Stunde zur nächsten Bahnstation zurückzulegen
und die etwas komplizierte, wenn auch kurze Reise nach
Hause zu unternehmen, zu seiner Frau, zu seinen vier
Kindern, alles Jungens, beschloß Traps, zu übernachten.
Es war sechs Uhr abends, heiß, der längste Tag nahe, das
Dorf, an dessen Rand sich die Garage befand, freundlich,
verzettelt gegen bewaldete Hügel hin, mit einem kleinen
Bühl[28] samt Kirche, Pfarrhaus und einer uralten, mit
mächtigen Eisenringen und Stützen versehenen Eiche,

alles solide, proper, sogar die Misthaufen vor den Bauernhäusern[29] sorgfältig geschichtet und herausgeputzt. Auch
stand irgendwo ein Fabriklein herum und mehrere Pinten[30] und Landgasthöfe, deren einen Traps schon öfters
hatte rühmen hören, doch waren die Zimmer belegt,
eine Tagung der Kleinviehzüchter nahm die Betten in
Anspruch, und der Textilreisende wurde nach einer Villa
gewiesen, wo hin und wieder Leute aufgenommen würden. Traps zögerte. Noch war es möglich, mit der Bahn
heimzukehren, doch lockte ihn die Hoffnung, irgendein
Abenteuer zu erleben, gab es doch manchmal in den
Dörfern Mädchen, wie in Großbiestringen[31] neulich, die
Textilreisende zu schätzen wußten. So schlug er denn
neubelebt den Weg zur Villa ein. Von der Kirche her
Glockengeläute. Kühe trotteten ihm entgegen, muhten.
Das einstöckige Landhaus lag in einem größeren Garten,
die Wände blendend weiß, Flachdach, grüne Rolläden,
halb verdeckt von Büschen, Buchen und Tannen, gegen
die Straße hin Blumen, Rosen vor allem, ein betagtes
Männchen dazwischen mit umgebundener Lederschürze,
möglicherweise der Hausherr, leichte Gartenarbeit ver-
richtend.

Traps stellte sich vor und bat um Unterkunft.

„Ihr Beruf?" fragte der Alte, der an den Zaun gekommen war, eine Brissago[32] rauchend und die Gartentüre kaum überragend.

„In der Textilbranche beschäftigt."

Der Alte musterte Traps aufmerksam, nach der Weise
der Weitsichtigen über eine kleine randlose Brille blickend:
„Gewiß, hier kann der Herr übernachten."

Traps fragte nach dem Preis.

Er pflege dafür nichts zu nehmen, erklärte der Alte, er
sei allein, sein Sohn befinde sich in den Vereinigten
Staaten, eine Haushälterin sorge für ihn, Mademoiselle

Simone, da sei er froh, hin und wieder einen Gast zu
beherbergen.

Der Textilreisende dankte. Er war gerührt über die
Gastfreundschaft und bemerkte, auf dem Lande seien
eben die Sitten und Bräuche der Altvordern noch nicht
ausgestorben. Die Gartentüre wurde geöffnet. Traps sah
sich um. Kieswege, Rasen, große Schattenpartien, sonnen-
beglänzte Stellen.

Er erwarte einige Herren heute abend, sagte der Alte,
als sie bei den Blumen angelangt waren, und schnitt
sorgfältig an einem Rosenstock herum. Freunde kämen,
die in der Nachbarschaft wohnten, teils im Dorf, teils
weiter gegen die Hügel hin, pensioniert wie er selber,
hergezogen des milden Klimas wegen und weil hier der
Föhn[33] nicht zu spüren sei, alle einsam, verwitwet, neugierig auf etwas Neues, Frisches, Lebendiges, und so sei
es ihm denn ein Vergnügen, Herrn Traps zum Abend-
essen und zum nachfolgenden Herrenabend einladen zu
dürfen.

Der Textilreisende stutzte. Er hatte eigentlich im
Dörfchen essen wollen, im allseits bekannten Land-
gasthof eben, doch wagte er nicht, die Aufforderung
abzulehnen. Er fühlte sich verpflichtet. Er hatte die Ein-
ladung angenommen, kostenlos zu übernachten. Er wollte
nicht als ein unhöflicher Stadtmensch erscheinen. So tat
er erfreut.[34] Der Hausherr führte ihn in den ersten Stock.
Ein freundliches Zimmer. Fließendes Wasser, ein breites
Bett, Tisch, bequemer Sessel, ein Hodler[35] an der Wand,
alte Lederbände im Büchergestell. Der Textilreisende
öffnete sein Köfferchen, wusch, rasierte sich, hüllte sich
in eine Wolke von Eau de Cologne, trat ans Fenster,
zündete eine Zigarette an. Eine große Sonnenscheibe
rutschte gegen die Hügel hinunter, umstrahlte die Buchen.
Er überschlug flüchtig die Geschäfte dieses Tages, den

Auftrag der Rotacher AG.,[36] nicht schlecht, die Schwierigkeiten mit Wildholz,[37] fünf Prozent verlangte der,
Junge, Junge, dem würde er schon den Hals umdrehen.[38]
Dann tauchten Erinnerungen auf. Alltägliches, Unor-
dentliches, ein geplanter Ehebruch im Hotel Touring,[39]
die Frage, ob seinem Jüngsten [den er am meisten liebte]
eine elektrische Eisenbahn zu kaufen sei, die Höflichkeit
und eigentlich die Pflicht, seiner Frau zu telephonieren,
Nachricht von seinem ungewollten Aufenthalt zu geben.
Doch unterließ er es. Wie schon oft. Sie war es gewohnt
und würde ihm außerdem auch nicht glauben. Er
gähnte, genehmigte eine weitere Zigarette. Er sah zu, wie
drei alte Herren über den Kiesweg anmarschiert kamen,
zwei Arm in Arm, ein dicker, glatzköpfiger hintendrein.
Begrüßung, Händeschütteln, Umarmungen, Gespräche
über Rosen. Traps zog sich vom Fenster zurück, ging zum
Büchergestell. Nach den Titeln, die er las, war ein lang-
weiliger Abend zu erwarten: Hotzendorff,[40] das Verbrechen des Mordes und die Todesstrafe; Savigny,[41]
System des heutigen römischen Rechts; Ernst David
Hölle,[42] die Praxis des Verhörs. Der Textilreisende sah
klar. Sein Gastgeber war Jurist, vielleicht ein gewesener
Rechtsanwalt. Er machte sich auf umständliche Erör-
terungen gefaßt, was verstand so ein Studierter[43] vom
wirklichen Leben, nichts, die Gesetze waren ja danach.
Auch war zu befürchten, daß über Kunst oder ähnliches
geredet würde, wobei er sich leicht blamieren konnte, na
gut, wenn er nicht mitten im Geschäftskampf stehen
würde, wäre er auch auf dem laufenden in höheren
Dingen. So ging er denn ohne Lust hinunter, wo man
sich in der offenen, immer noch sonnenbeschienenen
Veranda niedergelassen hatte, während die Haushälterin,
eine handfeste Person, nebenan im Speisezimmer den
Tisch deckte. Doch stutzte er, als er die Gesellschaft sah,

die ihn erwartete. Er war froh, daß ihm fürs erste der
Hausherr entgegenkam, nun fast geckenhaft, die wenigen
Haare sorgfältig gebürstet, in einem viel zu weiten
Gehrock.[44] Traps wurde willkommen geheißen. Mit einer
kurzen Rede. So konnte er seine Verwunderung ver-
bergen, murmelte, die Freude sei ganz auf seiner Seite,
verneigte sich, kühl, distanziert, spielte den Textilfachmann von Welt und dachte mit Wehmut, daß er
doch nur in diesem Dorfe geblieben sei, irgendein Mädchen aufzutreiben. Das war mißlungen. Er sah sich drei
weiteren Greisen gegenüber, die in nichts dem kauzigen
Gastgeber nachstanden. Wie ungeheure Raben füllten sie
den sommerlichen Raum mit den Korbmöbeln und den
luftigen Gardinen, uralt, verschmiert und verwahrlost,
wenn auch ihre Gehröcke die beste Qualität aufwiesen,
wie er gleich feststellte, wollte man vom Glatzköpfigen
absehen [Pilet mit Namen, siebenundsiebzig Jahre alt,
gab der Hausherr bei der Vorstellerei[45] bekannt, die nun
einsetzte], der steif und würdig auf einem äußerst unbe-
quemen Schemel saß, obgleich doch mehrere angenehme
Stühle herumstanden, überkorrekt hergerichtet, eine weiße
Nelke im Knopfloch und ständig über seinen schwarz-
gefärbten buschigen Schnurrbart streichend, pensioniert
offenbar, vielleicht ein ehemaliger, durch Glücksfall
wohlhabend gewordener Küster oder Schornsteinfeger,
möglicherweise auch Lokomotivführer. Um so verlotterter[46] dagegen die beiden andern. Der eine [Herr
Kummer, zweiundachtzig], noch dicker als Pilet, uner-
meßlich, wie aus speckigen Wülsten zusammengesetzt,[47]
saß in einem Schaukelstuhl, das Gesicht hochrot, ge-
waltige Säufernase, joviale Glotzaugen hinter einem
goldenen Zwicker, dazu, wohl aus Versehen, ein Nachthemd unter dem schwarzen Anzug und die Taschen
vollgestopft mit Zeitungen und Papieren, während der

andere [Herr Zorn, sechsundachtzig], lang und hager, ein
Monokel vor das linke Auge geklemmt, Schmisse[48] im
Gesicht, Hakennase, schlohweiße[49] Löwenmähne, ein-
gefallener Mund, eine vorgestrige Erscheinung alles in
allem, die Weste falsch geknöpft hatte und zwei verschiedene Socken trug.

„Campari?"[50] fragte der Hausherr.

„Aber bitte", antwortete Traps und ließ sich in einen
Sessel nieder, während der Lange, Hagere ihn interessiert
durch sein Monokel betrachtete:

„Herr Traps wird wohl an unserem Spielchen teil-
nehmen?"

„Aber natürlich. Spiele machen mir Spaß."

Die alten Herren lächelten, wackelten mit den Köp-
fen.

„Unser Spiel ist vielleicht etwas sonderbar", gab der
Gastgeber vorsichtig, fast zögernd zu bedenken. „Es
besteht darin, dass wir des Abends unsere alten Berufe
spielen."

Die Greise lächelten aufs neue, höflich, diskret.

Traps wunderte sich. Wie er dies verstehen solle?

„Nun", präzisierte der Gastgeber, „ich war einst
Richter, Herr Zorn Staatsanwalt und Herr Kummer
Advokat, und so spielen wir denn Gericht."

„Ach so", begriff Traps und fand die Idee passabel.
Vielleicht war der Abend doch noch nicht verloren.

Der Gastgeber betrachtete den Textilreisenden feierlich. Im allgemeinen, erläuterte er mit milder Stimme,
würden die berühmten historischen Prozesse durch-
genommen, der Prozeß Sokrates, der Prozeß Jesus, der
Prozeß Jeanne d'Arc, der Prozeß Dreyfus,[51] neulich der
Reichstagsbrand,[52] und einmal sei Friedrich der Große
für unzurechnungsfähig erklärt[53] worden.

Traps staunte. „Das spielt Ihr[54] jeden Abend?"

Der Richter nickte. Aber am schönsten sei es natürlich,
erklärte er weiter, wenn am lebenden Material gespielt
werde, was des öfteren besonders interessante Situationen
ergebe, erst vorgestern etwa sei ein Parlamentarier, der
im Dorfe eine Wahlrede gehalten und den letzten Zug
verpaßt hätte, zu vierzehn Jahren Zuchthaus[55] wegen
Erpressung und Bestechung verurteilt worden.

„Ein gestrenges Gericht", stellte Traps belustigt fest.

„Ehrensache",[56] strahlten die Greise.

Was er denn für eine Rolle einnehmen könne?

Wieder Lächeln, fast Lachen.

Den Richter, den Staatsanwalt und den Verteidiger
hätten sie schon, es seien dies ja auch Posten, die eine
Kenntnis der Materie und der Spielregeln voraussetzten,
meinte der Gastgeber, nur der Posten eines Angeklagten[57]
sei unbesetzt, doch sei Herr Traps in keiner Weise etwa
gezwungen, mitzuspielen, er möchte dies noch einmal
betonen.

Das Vorhaben der alten Herren erheiterte den Textilreisenden. Der Abend war gerettet. Es würde nicht
gelehrt zugehen und langweilig, es versprach lustig zu
werden. Er war ein einfacher Mensch, ohne allzugroße
Denkkraft und Neigung zu dieser Tätigkeit, ein Geschäftsmann, gewitzigt, wenn es sein mußte, der in seiner
Branche aufs Ganze ging, daneben gerne gut aß und
trank, mit einer Neigung zu handfesten Späßen.[58] Er
spiele mit, sagte er, es sei ihm eine Ehre, den verwaisten
Posten eines Angeklagten anzunehmen.

Bravo, krächzte der Staatsanwalt und klatschte in die
Hände, bravo, das sei ein Manneswort, das nenne er
Courage.

Der Textilreisende erkundigte sich neugierig nach dem
Verbrechen, das ihm nun zugemutet würde.

Ein unwichtiger Punkt, antwortete der Staatsanwalt,

das Monokel reinigend, ein Verbrechen lasse sich immer finden.

Alle lachten.

Herr Kummer erhob sich. „Kommen Sie, Herr Traps", sagte er beinahe väterlich, „wir wollen doch den Porto[59] noch probieren, den es hier gibt; er ist alt, den müssen Sie kennen lernen."

Er führte Traps ins Speisezimmer. Der große runde Tisch war nun aufs festlichste gedeckt. Alte Stühle mit hohen Lehnen, dunkle Bilder an den Wänden, altmodisch, solide alles, von der Veranda her drang das Plaudern der Greise, durch die offenen Fenster flimmerte der Abendschein, drang das Gezwitscher der Vögel, und auf einem Tischchen standen Flaschen, weitere noch auf dem Kamin, die Bordeaux in Körbchen gelagert. Der Verteidiger goß sorgfältig und etwas zittrig aus einer alten Flasche Porto in zwei kleine Gläser, füllte sie bis zum Rande, stieß mit dem Textilreisenden auf dessen Gesundheit an,[60] vorsichtig, die Gläser mit der kostbaren Flüssigkeit kaum in Berührung bringend.

Traps kostete. „Vortrefflich", lobte er.

„Ich bin Ihr Verteidiger, Herr Traps", sagte Herr Kummer. „Da heißt es zwischen uns beiden: Auf gute Freundschaft!"

„Auf gute Freundschaft!"

Es sei am besten, meinte der Advokat und rückte mit seinem roten Gesicht, mit seiner Säufernase und seinem Zwicker näher an Traps heran, so daß sein Riesenbauch ihn berührte, eine unangenehme weiche Masse, es sei am besten, wenn der Herr ihm sein Verbrechen gleich anvertraue. So könne er garantieren, daß man beim Gericht auch durchkäme. Die Situation sei zwar nicht gefährlich, doch auch nicht zu unterschätzen, der lange hagere Staatsanwalt, immer noch im Besitz seiner gei-

stigen Kräfte, sei zu fürchten, und dann neige der Gastgeber leider zur Strenge und vielleicht sogar zur Pe-
danterie, was sich im Alter — er zähle siebenundachtzig
— noch verstärkt habe. Trotzdem aber sei es ihm, dem
Verteidiger, gelungen, die meisten Fälle durchzubringen,
oder es wenigstens nicht zum Schlimmsten kommen zu
lassen. Nur einmal bei einem Raubmord sei wirklich
nichts zu retten gewesen. Aber ein Raubmord[61] komme
hier wohl nicht in Frage, wie er Herrn Traps einschätze,
oder doch?

Er habe leider kein Verbrechen begangen, lachte der
Textilreisende. Und dann sagte er: „Prosit!"

„Gestehen Sie es mir", munterte ihn der Verteidiger
auf. „Sie brauchen sich nicht zu schämen. Ich kenne das
Leben, wundere mich über nichts mehr. Schicksale sind
an mir vorübergegangen, Herr Traps, Abgründe taten
sich auf, das können Sie mir glauben."

Es tue ihm leid, schmunzelte der Textilreisende, wirklich, er sei ein Angeklagter, der ohne Verbrechen dastehe,
und im übrigen sei es die Sache des Staatsanwalts, eines
zu finden, er habe es selber gesagt, und da wolle er ihn
nun beim Wort nehmen. Spiel sei Spiel. Er sei neugierig,
was herauskomme. Ob es denn ein richtiges Verhör gebe?

„Will ich meinen!"

„Da freue ich mich aber darauf."

Der Verteidiger machte ein bedenkliches Gesicht.

„Sie fühlen sich unschuldig, Herr Traps?"

Der Textilreisende lachte: „Durch und durch", und
das Gespräch kam ihm äußerst lustig vor.

Der Verteidiger reinigte seinen Zwicker. „Schreiben
Sie sich's hinter die Ohren,[62] junger Freund, Unschuld
hin oder her,[63] auf die Taktik kommt es an! Es ist hals-
brecherisch — gelinde ausgedrückt — vor unserem Gericht, unschuldig sein zu wollen, im Gegenteil, es ist am

klügsten, sich gleich eines Verbrechens zu bezichtigen,
zum Beispiel, gerade für Geschäftsleute vorteilhaft:
Betrug. Dann kann sich immer noch beim Verhör her-
ausstellen, daß der Angeklagte übertreibt, daß eigentlich kein Betrug vorliegt, sondern etwa eine harmlose
Vertuschung von Tatsachen aus Reklamegründen, wie
sie im Handel öfters üblich ist. Der Weg von der Schuld
zur Unschuld ist zwar schwierig, doch nicht unmöglich,
dagegen ist es geradezu hoffnungslos, seine Unschuld
bewahren zu wollen, und das Resultat verheerend. Sie
verlieren, wo Sie doch gewinnen könnten, auch sind Sie
nun gezwungen, die Schuld nicht mehr wählen zu dürfen,
sondern sich aufzwingen zu lassen."

Der Textilreisende zuckte amüsiert die Achseln, er
bedaure, nicht dienen zu können, aber er sei sich keiner
Übeltat bewußt, die ihn mit dem Gesetz in Konflikt
gebracht habe, beteuerte er.

Der Verteidiger setzte seinen Zwicker wieder auf. Mit
Traps werde er Mühe haben, meinte er nachdenklich, das
werde hart auf hart gehen. „Doch vor allem", schloß er
die Unterredung, „überlegen Sie sich jedes Wort, plap-
pern Sie nicht einfach vor sich hin, sonst sehen Sie sich
plötzlich zu einer langjährigen Zuchthausstrafe verurteilt,
ohne daß noch zu helfen wäre."

Dann kamen die übrigen. Man setzte sich um den
runden Tisch. Gemütliche Tafelrunde, Scherzworte.
Zuerst wurden verschiedene Vorspeisen serviert, Aufschnitt,[64] russische Eier,[65] Schnecken, Schildkröten-
suppe. Die Stimmung war vortrefflich, man löffelte
vergnügt, schlürfte ungeniert.

„Nun, Angeklagter, was haben Sie uns vorzuweisen,
ich hoffe einen schönen, stattlichen Mord", krächzte der
Staatsanwalt.

Der Verteidiger protestierte: „Mein Klient ist ein

Angeklagter ohne Verbrechen, eine Seltenheit in der Justiz sozusagen. Behauptet unschuldig zu sein."

„Unschuldig?" wunderte sich der Staatsanwalt. Die Schmisse leuchteten rot auf, das Monokel fiel ihm beinahe in den Teller, pendelte hin und her an der schwarzen Schnur. Der zwerghafte Richter, der eben Brot in die Suppe brockte,[66] hielt inne, betrachtete den Textilreisenden vorwurfsvoll, schüttelte den Kopf, und auch der Glatzköpfige, Schweigsame mit der weißen Nelke starrte ihn erstaunt an. Die Stille war beängstigend. Kein Löffel- und Gabelgeräusch, kein Schnaufen und Schlürfen war zu vernehmen. Nur Simone im Hintergrund kicherte leise.

„Müssen wir untersuchen", faßte der Staatsanwalt sich endlich. „Was es nicht geben kann, gibt es nicht."

„Nur zu",[67] lachte Traps. „Ich stehe zur Verfügung!" Zum Fisch gab es Wein, einen leichten spritzigen Neuchâteller,[68] „Nun denn", sagte der Staatsanwalt, seine Forelle auseinandernehmend, „wollen mal sehen. Verheiratet?"

„Seit elf Jahren."

„Kinderchen?"

„Vier."

„Beruf?"

„In der Textilbranche."

„Also Reisender, lieber Herr Traps?"

„Generalvertreter."[69]

„Schön, Erlitten eine Panne?"

„Zufällig. Zum ersten Mal seit einem Jahr."

„Ach. Und vor einem Jahr?"

„Nun, da fuhr ich noch den alten Wagen", erklärte Traps. „Einen Citroën 1939, doch jetzt besitze ich einen Studebaker, rotlackiertes Extramodell."[70]

„Studebaker, ei, interessant und erst seit kurzem? Waren wohl vorher nicht Generalvertreter?"

„Ein simpler, gewöhnlicher Reisender in Textilien."

„Konjunktur", nickte der Staatsanwalt.

Neben Traps saß der Verteidiger. „Passen Sie auf",
flüsterte er.

Der Textilreisende, der Generalvertreter, wie wir jetzt
sagen dürfen, machte sich sorglos hinter ein Beef-Steak
Tartar,[71] träufelte Zitrone darüber, sein Rezept, etwas
Kognak, Paprika und Salz. Ein angenehmeres Essen sei
ihm noch nie vorgekommen, strahlte er dabei, er habe
stets die Abende in der Schlaraffia für das Amüsanteste
gehalten, was seinesgleichen erleben könne, doch dieser
Herrenabend bereite noch größeren Spaß.

„Aha", stellte der Staatsanwalt fest, „Sie gehören der
Schlaraffia[72] an. Welchen Spitznamen führen Sie denn
dort?"

„Marquis de Casanova."[73]

„Schön", krächzte der Staatsanwalt freudig, als ob die
Nachricht von Wichtigkeit wäre, das Monokel wieder
eingeklemmt. „Uns allen ein Vergnügen, dies zu hören.
Darf von Ihrem Spitznamen auf Ihr Privatleben geschlossen werden, mein Bester?"

„Aufgepaßt", zischte der Verteidiger.

„Lieber Herr", antwortete Traps. „Nur bedingt. Wenn
mir mit Weibern etwas Außereheliches passiert, so nur
zufälligerweise und ohne Ambition."

Ob Herr Traps die Güte hätte, der versammelten
Runde sein Leben in kurzen Zügen bekannt geben zu
wollen, fragte der Richter, Neuchâteller nachfüllend. Da
man ja beschlossen habe, über den lieben Gast und
Sünder zu Gericht zu sitzen und ihn womöglich auf Jahre
hinaus zu verknurren,[74] sei es nur angemessen, Näheres,
Privates, Intimes zu erfahren, Weibergeschichten, wenn
möglich gesalzen und gepfeffert.[75]

„Erzählen, erzählen!" forderten die alten Herren den

Generalvertreter kichernd auf. Einmal hätten sie einen
Zuhälter am Tisch gehabt, der hätte die spannendsten und
pikantesten Dinge aus seinem Métier erzählt und sei zu
alledem mit nur vier Jahren Zuchthaus davongekommen.

„Nu, nu", lachte Traps mit, „was gibt es schon von
mir zu erzählen. Ich führe ein alltägliches Leben, meine
Herren, ein kommunes Leben, wie ich gleich gestehen
will. Pupille!"

„Pupille!"[76]

Der Generalvertreter hob sein Glas, fixierte gerührt die
starren, vogelartigen Augen der vier Alten, die an ihm
hafteten, als wäre er ein spezieller Leckerbissen, und dann
stießen die Gläser aneinander.

Draußen war die Sonne nun endlich untergegangen,
und auch der Höllenlärm der Vögel verstummt, aber
noch lag die Landschaft taghell da, die Gärten und die
roten Dächer zwischen den Bäumen, die bewaldeten Hügel und in der Ferne die Vorberge und einige Gletscher,[77]
Friedensstimmung, Stille einer ländlichen Gegend, feierliche Ahnung von Glück, Gottessegen und kosmischer
Harmonie.

Eine harte Jugend habe er durchgemacht, erzählte
Traps, während Simone die Teller wechselte und eine
dampfende Riesenschüssel auftischte. Champignons à la
Crème. Sein Vater sei ein Fabrikarbeiter gewesen, ein
Proletarier, den Irrlehren von Marx und Engels[78] ver-
fallen, ein verbitterter, freudloser Mann, der sich um sein
einziges Kind nie gekümmert habe, die Mutter Wä-
scherin, früh verblüht.

„Nur die Primarschule durfte ich besuchen, nur die
Primarschule",[79] stellte er fest, Tränen in den Augen,
erbittert und gerührt zugleich über seine karge Vergangenheit, während man mit einem Réserve des Maréchaux[80] anstieß.

„Eigenartig", sagte der Staatsanwalt, „eigenartig. Nur die Primarschule. Haben sich aber mit Leibeskräften heraufgearbeitet, mein Verehrter."

„Das will ich meinen", prahlte dieser, vom Maréchaux angefeuert, beschwingt vom geselligen Beisammensein, von der feierlichen Gotteswelt vor den Fenstern. „Das will ich meinen. Noch vor zehn Jahren war ich nichts als ein Hausierer und zog mit einem Köfferchen von Haus zu Haus. Harte Arbeit, tippeln,[81] übernachten in Heuschobern, zweifelhaften Herbergen. Von unten fing ich an in meiner Branche, ganz von unten. Und jetzt, meine Herren, wenn Sie mein Bankkonto sähen! Ich will mich nicht rühmen, aber hat jemand von Euch einen Studebaker?"

„Seien Sie doch vorsichtig", flüsterte der Verteidiger besorgt.

Wie denn das gekommen sei, fragte der Staatsanwalt neugierig.

Er solle aufpassen und nicht zu viel reden, mahnte der Verteidiger.

Er habe die Alleinvertretung der «Hephaiston»[82] auf diesem Kontinent übernommen, verkündete Traps und schaute sich triumphierend um. Nur Spanien und der Balkan seien in anderen Händen.

Hephaistos[83] sei ein griechischer Gott, kicherte der kleine Richter, Champignons auf seinen Teller häufend, ein gar großer Kunstschmied, der die Liebesgöttin und ihren Galan, den Kriegsgott Ares, in einem so feingeschmiedeten und unsichtbaren Netz gefangen habe, daß sich die übrigen Götter nicht genug über diesen Fang hätten freuen können, aber was der Hephaiston bedeute, dessen Alleinvertretung der verehrte Herr Traps übernommen habe, sei ihm schleierhaft.

„Und doch sind Sie nahe daran, verehrter Gastgeber

und Richter", lachte Traps. „Sie sagen selbst: schleierhaft, und der mir unbekannte griechische Gott fast gleichen Namens mit meinem Artikel habe ein gar feines und unsichtbares Netz gesponnen. Wenn es heute Nylon, Perlon, Myrlon gibt, Kunststoffe, von denen das hohe Gericht[84] doch wohl gehört hat, so gibt es auch Hephaiston, den König der Kunststoffe, unzerreißbar, durchsichtig, doch dabei gerade für Rheumatiker eine Wohltat, ebenso verwendbar in der Industrie wie in der Mode, für den Krieg wie für den Frieden. Der vollendete Stoff für Fallschirme und zugleich die pikanteste Materie für Nachthemden schönster Damen, wie ich aus eigener Forschung weiß."

„Hört, hört", quakten die Greise, „eigene Forschung, das ist gut", und Simone wechselte aufs neue die Teller, brachte einen Kalbsnierenbraten.[85]

„Ein Festessen", strahlte der Generalvertreter.

„Freut mich", sagte der Staatsanwalt, „daß Sie so was zu würdigen wissen und mit Recht! Beste Ware wird uns vorgesetzt und in genügenden Mengen, ein Menü wie aus dem vorigen Jahrhundert, da die Menschen noch zu essen wagten. Loben wir Simone! Loben wir unseren Gastgeber! Kauft er doch selber ein, der alte Gnom und Gourmet, und was die Weine betrifft, sorgt Pilet für sie als Ochsenwirt im Nachbardörfchen. Loben wir auch ihn! Doch wie steht es nun mit Ihnen, mein Tüchtiger? Durchforschen wir Ihren Fall weiter. Ihr Leben kennen wir nun, es war ein Vergnügen, einen kleinen Einblick zu erhalten, und auch über Ihre Tätigkeit herrscht Klarheit. Nur ein unwichtiger Punkt ist noch nicht geklärt: Wie kamen Sie beruflich zu einem so lukrativen Posten? Allein durch Fleiß, durch eiserne Energie?"

„Aufpassen", zischte der Verteidiger. „Jetzt wird's gefährlich."

Das sei nicht so leicht gewesen, antwortete Traps und sah begierig zu, wie der Richter den Braten zu tranchieren begann, er habe zuerst Gygax[86] besiegen müssen, und das sei eine harte Arbeit gewesen.

„Ei, und Herr Gygax, wer ist denn dies wieder?"

„Mein früherer Chef."

„Er mußte verdrängt werden, wollen Sie sagen?"

„Auf die Seite geschafft mußte er werden, um im rauhen Ton meiner Branche zu bleiben", antwortete Traps und bediente sich mit Sauce. „Meine Herren, Sie werden ein offenes Wort ertragen. Es geht hart zu im Geschäftsleben, wie du mir, so ich dir,[87] wer da ein Gentleman sein will, bitte schön, kommt um. Ich verdiene Geld wie Heu, doch ich schufte auch wie zehn Elefanten, jeden Tag spule ich meine sechshundert Kilometer mit meinem Studebaker herunter. So ganz fair bin ich nicht vorgegangen, als es hieß, dem alten Gygax das Messer an die Kehle zu setzen und zuzustoßen, aber ich mußte vorwärtskommen, was will einer, Geschäft ist schließlich Geschäft."

Der Staatsanwalt sah neugierig vom Kalbsnierenbraten auf. „Auf die Seite schaffen, ein Messer an die Kehle setzen, zustoßen, das sind ja ziemlich bösartige Ausdrücke, lieber Traps."

Der Generalvertreter lachte: „Sie sind natürlich nur im übertragenen Sinne zu verstehen."

„Herr Gygax befindet sich wohl, Verehrtester?"

„Er ist letztes Jahr gestorben."

„Sind Sie toll?", zischte der Verteidiger aufgeregt. „Sie sind wohl ganz verrückt geworden!"

„Letztes Jahr", bedauerte der Staatsanwalt. „Das tut mir aber leid. Wie alt ist er denn geworden?"

„Zweiundfünfzig."

„Blutjung. Und woran ist er gestorben?"

„An irgendeiner Krankheit."

„Nachdem Sie seinen Posten erhalten hatten?"

„Kurz vorher."

„Schön, mehr brauche ich einstweilen nicht zu wissen", sagte der Staatsanwalt. „Glück, wir haben Glück. Ein Toter ist aufgestöbert, und das ist schließlich die Hauptsache."

Alle lachten. Sogar Pilet, der Glatzköpfige, der andächtig vor sich hin aß, pedantisch, unbeirrbar, unermeßliche Mengen hinunterschlingend, sah auf.

„Fein", sagte er und strich sich über den schwarzen Schnurrbart.

Dann schwieg er und aß weiter.

Der Staatsanwalt hob feierlich sein Glas. „Meine Herren", erklärte er, „auf diesen Fund hin wollen wir den Pichon–Longueville[88] 1933 goutieren. Ein guter Bordeaux zu einem guten Spiel!"

Sie stießen aufs neue an, tranken einander zu.

„Donnerwetter, meine Herren!" staunte der Generalvertreter, den Pichon in einem Zuge leerend und das Glas dem Richter hinhaltend: „Der schmeckt aber riesig!"

Die Dämmerung war angebrochen und die Gesichter der Versammelten kaum mehr zu erkennen. Die ersten Sterne waren in den Fenstern zu ahnen, und die Haushälterin zündete drei große schwere Leuchter an, die das Schattenbild der Tafelrunde wie den wunderbaren Blütenkelch einer fantastischen Blume an die Wände malten. Trauliche, gemütliche Stimmung, Sympathie allerseits, Lockerung der Umgangsformen, der Sitten.

„Wie im Märchen", staunte Traps.

Der Verteidiger wischte sich mit der Serviette den Schweiß von der Stirne. „Das Märchen, lieber Traps", sagte er, „sind Sie. Es ist mir noch nie ein Angeklagter begegnet, der mit größerer Seelenruhe so unvorsichtige Aussagen gemacht hätte."

Traps lachte: „Keine Bange, lieber Nachbar! Wenn einmal erst das Verhör beginnt, werde ich schon den Kopf nicht verlieren."

Totenstille im Zimmer, wie schon einmal. Kein Schmatzen mehr, kein Schlürfen.

„Sie Unglücksmensch!" ächzte der Verteidiger. „Was meinen Sie damit: Wenn einmal erst das Verhör beginnt?"

„Nun", sagte der Generalvertreter, Salat auf den Teller häufend, „hat es etwa schon begonnen?"

Die Greise schmunzelten, sahen pfiffig drein, verschmitzt, meckerten endlich vor Vergnügen.

Der Stille, Ruhige, Glatzköpfige kicherte: „Er hat es nicht gemerkt, er hat es nicht gemerkt!"

Traps stutzte, war verblüfft, die spitzbübische Heiterkeit kam ihm unheimlich vor, ein Eindruck, der sich freilich bald verflüchtigte, so daß er mitzulachen begann: „Meine Herren, verzeihen Sie", sagte er, „ich dachte mir das Spiel feierlicher, würdiger, förmlicher, mehr Gerichtssaal."

„Liebster Herr Traps", klärte ihn der Richter auf, „Ihr bestürztes Gesicht ist nicht zu bezahlen. Unsere Art, Gericht zu halten, scheint Ihnen fremd und allzu munter, sehe ich. Doch, Wertgeschätzter, wir vier an diesem Tisch sind pensioniert und haben uns vom unnötigen Wust der Formeln, Protokolle, Schreibereien, Gesetze und was für Kram sonst noch unsere Gerichtssäle belastet, befreit. Wir richten ohne Rücksicht auf die lumpigen Gesetzbücher und Paragraphen."

„Mutig", entgegnete Traps mit schon etwas schwerer Zunge, „mutig. Meine Herren, das imponiert mir. Ohne Paragraphen, das ist eine kühne Idee."

Der Verteidiger erhob sich umständlich. Er gehe Luft
schnappen,[89] verkündete er, bevor es zum Hähnchen[90]
und zum übrigen komme, ein kleines Gesundheits-
Spaziergänglein[91] und eine Zigarette seien nun an der
Zeit, und er lade Herrn Traps ein, ihn zu begleiten.

Sie traten von der Veranda in die Nacht hinaus, die
nun endlich hereingebrochen war, warm und ma-
jestätisch. Von den Fenstern des Eßzimmers her lagen
goldene Lichtbänder über dem Rasen, erstreckten sich
bis zu den Rosenbeeten. Der Himmel voller Sterne,
mondlos, als dunkle Masse standen die Bäume da, und
die Kieswege zwischen ihnen waren kaum zu erraten,
über die sie nun schritten. Sie hatten sich den Arm
gegeben. Beide waren schwer vom Wein, torkelten und
schwankten auch hin und wieder, gaben sich Mühe,
schön gerade zu gehen, und rauchten Zigaretten, Parisiennes,[92] rote Punkte in der Finsternis.

„Mein Gott", schöpfte Traps Atem, „war dies ein
Jux[93] dadrinnen", und wies nach den erleuchteten
Fenstern, in denen eben die massige Silhouette der Haushälterin sichtbar wurde. „Vergnüglich geht's zu, vergnüglich."

„Lieber Freund", sagte der Verteidiger wankend und
sich auf Traps stützend, „bevor wir zurückgehen und
unser Hähnchen in Angriff nehmen, lassen Sie mich ein
Wort an Sie richten, ein ernstes Wort, das Sie beher-
zigen sollten. Sie sind mir sympathisch, junger Mann,
ich fühle zärtlich für Sie, ich will wie ein Vater zu Ihnen
reden: Wir sind im schönsten Zuge, unseren Prozeß in
Bausch und Bogen zu verlieren!"

„Das ist Pech", antwortete der Generalvertreter und
steuerte den Verteidiger vorsichtig den Kiesweg entlang
um die große schwarze, kugelrunde Masse eines Ge-
büschs herum. Dann kam ein Teich, sie ahnten eine

E

Steinbank, setzten sich. Sterne spiegelten sich im Wasser,
Kühle stieg auf. Vom Dorfe her Handharmonikaklänge[94]
und Gesang, auch ein Alphorn[95] war jetzt zu hören, der
Kleinviehzüchterverband feierte.

„Sie müssen sich zusammennehmen", mahnte der
Verteidiger. „Wichtige Bastionen sind vom Feind genommen; der tote Gygax, unnötigerweise aufgetaucht
durch Ihr hemmungsloses Geschwätz, droht mächtig, all
dies ist schlimm, ein ungeübter Verteidiger müßte die
Waffen strecken, doch mit Zähigkeit, mit Ausnützung
aller Chancen und vor allem mit der größten Vorsicht
und Disziplin Ihrerseits kann ich noch Wesentliches
retten."

Traps lachte. Das sei ein gar zu komisches Gesell-
schaftsspiel, stellte er fest, in der nächsten Sitzung der
Schlaraffia müsse dies unbedingt auch eingeführt werden.

„Nicht wahr?" freute sich der Verteidiger, „man lebt
auf. Hingesiecht bin ich, lieber Freund, nachdem ich
meinen Rücktritt genommen hatte und plötzlich ohne
Beschäftigung, ohne meinen alten Beruf in diesem Dörfchen das Alter genießen sollte. Was ist denn hier auch los?
Nichts, nur der Föhn nicht zu spüren, das ist alles. Ge-
sundes Klima? Lächerlich, ohne geistige Beschäftigung.
Der Staatsanwalt lag im Sterben, bei unserem Gastfreund vermutete man Magenkrebs, Pilet litt an einer
Diabetes, mir machte der Blutdruck zu schaffen. Das war
das Resultat. Ein Hundeleben. Hin und wieder saßen wir
traurig zusammen, erzählten sehnsüchtig von unseren
alten Berufen und Erfolgen, unsere einzige spärliche
Freude. Da kam der Staatsanwalt auf den Einfall, das Spiel
einzuführen, der Richter stellte das Haus und ich mein
Vermögen zur Verfügung — na ja, ich bin Junggeselle,
und als jahrzehntelanger Anwalt der oberen Zehntausend
legt man sich ein hübsches Sümmchen auf die Seite, mein

Lieber, kaum zu glauben, wie sich ein freigesprochener
Raubritter der Hochfinanz seinem Verteidiger gegenüber
splendide erweist, das grenzt an Verschwendung —, und
es wurde unser Gesundbrunnen, dieses Spiel; die Hor-
mone, die Mägen, die Bauchspeicheldrüsen kamen wieder
in Ordnung, die Langeweile verschwand, Energie,
Jugendlichkeit, Elastizität, Appetit stellten sich wieder
ein; sehen Sie mal", und er machte trotz seinem Bauch
einige Turnübungen, wie Traps undeutlich in der Dunkelheit bemerken konnte. „Wir spielen mit den Gästen
des Richters, die unsere Angeklagten abgeben", fuhr der
Verteidiger fort, nachdem er sich wieder gesetzt hatte,
bald mit Hausierern, bald mit Ferienreisenden, und vor
zwei Monaten durften wir gar einen deutschen General
zu zwanzig Jahren Zuchthaus verurteilen. Er kam hier
durchgewandert mit seiner Gattin, nur meine Kunst rettete ihn vor dem Galgen."

„Großartig", staunte Traps, „diese Produktion! Doch
das mit dem Galgen kann nicht gut stimmen, da über-
treiben Sie ein bißchen, verehrter Herr Rechtsanwalt,
denn die Todesstrafe ist ja abgeschafft."[96]

„In der staatlichen Justiz", stellte der Verteidiger
richtig, „doch wir haben es hier mit einer privaten Justiz
zu tun und führten sie wieder ein: Gerade die Möglichkeit der Todesstrafe macht unser Spiel so spannend und
eigenartig."

„Und einen Henker[97] habt Ihr wohl auch, wie?"
lachte Traps.

„Natürlich", bejahte der Verteidiger stolz; „haben wir
auch. Pilet."

„Pilet?"

„Überrascht, wie?"

Traps schluckte einige Male. „Der ist doch Ochsenwirt
und sorgt für die Weine, die wir trinken."

„Gastwirt war er immer", schmunzelte der Verteidiger gemütlich. „Übte seine staatliche Tätigkeit nur neben-beruflich aus. Ehrenamtlich beinah. War einer der tüchtigsten seines Fachs im Nachbarlande,[98] nun auch schon zwanzig Jahre pensioniert, doch immer noch auf dem laufenden in seiner Kunst."

Ein Automobil fuhr durch die Straße, und im Lichte der Scheinwerfer leuchtete der Rauch der Zigaretten auf. Sekundenlang sah Traps auch den Verteidiger, die unmäßige Gestalt im verschmierten Gehrock, das fette, zufriedene, gemütliche Gesicht. Traps zitterte. Kalter Schweiß lag auf seiner Stirne.

„Pilet."

Der Verteidiger stutzte: „Aber was haben Sie denn auf einmal, guter Traps? Spüre, daß Sie zittern. Ist Ihnen nicht wohl?"

„Ich weiß nicht", flüsterte der Generalvertreter und atmete schwer, „ich weiß nicht."

Er sah den Kahlköpfigen vor sich, der doch eigentlich ziemlich stumpfsinnig mitgetafelt hatte, es war eine Zumutung, mit so einem zu essen. Aber was konnte der arme Kerl für seinen Beruf, — die milde Sommernacht, der noch mildere Wein stimmten Traps human, tolerant, vorurteilslos, er war schließlich ein Mann, der vieles gesehen hatte und die Welt kannte, kein Mucker und Spießer, nein, ein Textilfachmann von Format,[99] ja, es schien Traps nun, der Abend wäre ohne Henker weniger lustig und ergötzlich, und er freute sich schon, das Aben-teuer bald in der Schlaraffia zum besten geben zu können, wohin man den Henker sicher auch einmal kommen lassen würde gegen ein kleines Honorar und Spesen, und so lachte er denn schließlich befreit auf: „Bin reingefallen! Habe mich gefürchtet! Das Spiel wird immer lustiger!"

„Vertrauen gegen Vertrauen", sagte der Verteidiger,

als sie sich erhoben hatten und Arm in Arm, vom Licht der Fenster geblendet, gegen das Haus hintappten. „Wie brachten Sie Gygax um?"

„Ich soll ihn umgebracht haben?"

„Na, wenn er doch tot ist."

„Ich brachte ihn aber nicht um."

Der Verteidiger blieb stehen. „Mein lieber junger Freund", entgegnete er teilnehmend, „ich begreife die Bedenken. Von den Verbrechen sind die Morde am peinlichsten zu gestehen. Der Angeklagte schämt sich, will seine Tat nicht wahrhaben, vergißt, verdrängt sie aus dem Gedächtnis, ist überhaupt voller Vorurteile der Vergangenheit gegenüber, belastet sich mit übertriebenen Schuldgefühlen und traut niemandem, selbst seinem väterlichen Freunde nicht, dem Verteidiger, was gerade das Verkehrteste ist, denn ein rechter Verteidiger liebt den Mord, jubelt auf, bringt man ihm einen. Her damit, lieber Traps! Mir wird erst wohl, wenn ich vor einer wirklichen Aufgabe stehe, wie ein Alpinist vor einem schwierigen Viertausender,[100] wie ich als alter Bergsteiger sagen darf. Da fängt das Hirn an zu denken und zu dichten, zu schnurren und zu schnarren, daß es eine Freude ist. So ist denn auch Ihr Mißtrauen der große, ja, ich darf sagen, der entscheidende Fehler, den Sie machen. Darum, heraus mit dem Geständnis, alter Knabe!"

Er habe aber nichts zu gestehen, beteuerte der Generalvertreter.

Der Verteidiger stutzte. Grell beschienen vom Fenster, aus dem Gläserklirren und Lachen immer übermütiger schwoll, glotzte er Traps an.

„Junge, Junge", brummte er mißbilligend, „was heißt das wieder? Wollen Sie denn Ihre falsche Taktik immer noch nicht aufgeben und immer noch den Unschuldigen spielen? Haben Sie denn noch nicht kapiert? Gestehen

muß man, ob man will oder nicht, und zu gestehen hat
man immer was, das dürfte Ihnen doch langsam dämmern!
Wohlan denn, lieber Freund, weder geziert noch gezaudert,[101] sondern frisch von der Leber weg gesprochen:
Wie brachten Sie Gygax um? Im Affekt, nicht? Da
müßten wir uns auf eine Anklage auf Totschlag gefaßt
machen. Wette, daß der Staatsanwalt dahinsteuert. Habe
so meine Vermutung. Kenne den Burschen."

Traps schüttelte den Kopf. „Mein lieber Herr Verteidiger", sagte er, „der besondere Reiz unseres Spiels
besteht darin — wenn ich als Anfänger und ganz unmaß-
geblich meine Meinung äußern darf —, daß es einem
dabei unheimlich und gruselig wird. Das Spiel droht in
die Wirklichkeit umzukippen. Man fragt sich auf einmal,
ob man nun eigentlich ein Verbrecher sei oder nicht, ob
man den alten Gygax umgebracht habe oder nicht. Es ist
mir bei Ihrer Rede fast wirblig geworden.[102] Und darum,
Vertrauen gegen Vertrauen: Ich bin unschuldig am Tode
des alten Gangsters. Wirklich." Damit traten sie wieder
ins Speisezimmer, wo das Hähnchen schon serviert war
und ein Château Pavie[103] 1921 in den Gläsern funkelte.

Traps, in Stimmung, begab sich zum Ernsten, Schwei-
genden, Glatzköpfigen, drückte ihm die Hand. Er habe
vom Verteidiger seinen ehemaligen Beruf erfahren, sagte
er, er wolle betonen, daß es nichts Angenehmeres geben
könne, als einen so wackeren Mann am Tische zu wissen,
er kenne keine Vorurteile, im Gegenteil, und Pilet, über
seinen gefärbten Schnurrbart streichend, murmelte er-
rötend, etwas geniert und in einem entsetzlichen Dialekt:[104]
„Freut mich, freut mich, werd mir Mühe geben."

Nach dieser rührenden Verbrüderung mundete denn
auch das Hähnchen vortrefflich. Es war nach einem
Geheimrezept Simones zubereitet, wie der Richter verkündete. Man schmatzte, aß mit den Händen, lobte das

Meisterwerk, trank, stieß auf jedermanns Gesundheit an, leckte die Sauce von den Fingern, fühlte sich wohl, und in aller Gemütlichkeit nahm der Prozeß seinen Fortgang. Der Staatsanwalt, eine Serviette umgebunden und das Hähnchen vor dem schnabelartigen, schmatzenden Munde, hoffte, zum Geflügel ein Geständnis serviert zu bekommen. „Gewiß, liebster und ehrenhaftester Angeklagter", forschte er, „haben Sie Gygax vergiftet."

„Nein", lachte Traps, „nichts dergleichen."

„Nun, sagen wir: erschossen?"

„Auch nicht."

„Einen heimlichen Autounfall arrangiert?"

Alles lachte, und der Verteidiger zischte wieder einmal: „Aufpassen, das ist eine Falle!"

„Pech, Herr Staatsanwalt, ausgesprochen Pech", rief Traps übermütig aus: „Gygax starb an einem Herzinfarkt,[105] und es war nicht einmal der erste, den er erlitt. Schon Jahre vorher erwischte es ihn, er mußte aufpassen, wenn er nach außen auch den gesunden Mann spielte, bei jeder Aufregung war zu befürchten, daß es sich wiederhole, ich weiß es bestimmt."

„Ei, und von wem denn?"

„Von seiner Frau, Herr Staatsanwalt."

„Von seiner Frau?"

„Aufpassen, um Himmelswillen", flüsterte der Verteidiger.

Der Château Pavie 1921 übertraf die Erwartungen. Traps war schon beim vierten Glas, und Simone hatte eine Extraflasche in seine Nähe gestellt. Da staune der Staatsanwalt, prostete der Generalvertreter den alten Herren zu,[106] doch damit das hohe Gericht nicht etwa glaube, er verheimliche was, wolle er die Wahrheit sagen und bei der Wahrheit bleiben, auch wenn ihn der Verteidiger mit seinem «Aufgepaßt!» umzische. Mit Frau

Gygax nämlich habe er was gehabt,[107] nun ja, der alte
Gangster sei oft auf Reisen gewesen und habe sein gutgebautes und leckeres Frauchen aufs grausamste ver-
nachlässigt; da habe er hin und wieder den Tröster
abgeben müssen, auf dem Kanapee in Gygaxens Wohn-
stube und später auch bisweilen im Ehebett, wie es eben
so komme und wie es der Lauf der Welt sei.

Auf diese Worte Trapsens erstarrten die alten Herren,
dann aber, auf einmal, kreischten sie laut auf vor Vergnügen, und der Glatzköpfige, sonst Schweigsame schrie,
seine weiße Nelke in die Luft werfend: „Ein Geständnis,
ein Geständnis!", nur der Verteidiger trommelte verzweifelt mit den Fäusten auf seine Schläfen.

„So ein Unverstand!" rief er. Sein Klient sei toll geworden und dessen Geschichte nicht ohne weiteres zu
glauben, worauf Traps entrüstet und unter erneutem
Beifall der Tischrunde protestierte. Damit begann ein
langes Gerede zwischen dem Verteidiger und dem
Staatsanwalt, ein hartnäckiges Hin und Her, halb
komisch, halb ernst, eine Diskussion, deren Inhalt Traps
nicht begriff. Es drehte sich um das Wort dolus,[108] von
dem der Generalvertreter nicht wußte, was es bedeuten
mochte. Die Diskussion wurde immer heftiger, lauter
geführt, immer unverständlicher, der Richter mischte
sich ein, eiferte sich ebenfalls, und war Traps anfangs
bemüht, hinzuhorchen, etwas vom Sinn des Streitge-
sprächs zu erraten, so atmete er nun auf, als die Haushälterin Käse auftischte, Camembert, Brie,[109] Emmentaler,[110] Gruyère,[111] Tête de Moine,[112] Vacherin,[113]
Limburger,[114] Gorgonzola, und ließ dolus dolus sein,
prostete mit dem Glatzköpfigen, der allein schwieg und
auch nichts zu begreifen schien, und griff zu,— bis auf
einmal, unerwartet, der Staatsanwalt sich wieder an ihn
wandte: „Herr Traps", fragte er mit gesträubter Löwen-

mähne und hochrotem Gesicht, das Monokel in der
linken Hand, „sind Sie immer noch mit Frau Gygax
befreundet?"

Alle glotzten zu Traps hinüber, der Weißbrot mit
Camembert in den Mund geschoben hatte und gemütlich
kaute. Dann nahm er noch einen Schluck Château Pavie.
Irgendwo tickte eine Uhr, und vom Dorfe her drangen
noch einmal ferne Handorgelklänge,[115] Männergesang,
— „Heißt ein Haus zum Schweizerdegen".[116]

Seit dem Tode Gygaxens, erklärte Traps, habe er das
Frauchen nicht mehr besucht. Er wolle die brave Witwe
schließlich nicht in Verruf bringen.

Seine Erklärung erweckte zu seiner Verwunderung
aufs neue eine gespenstische, unbegreifliche Heiterkeit,
man wurde noch übermütiger als zuvor, der Staatsanwalt
schrie: „Dolo malo, dolo malo!", brüllte griechische und
lateinische Verse, zitierte Schiller und Goethe, während
der kleine Richter die Kerzen ausblies, bis auf eine, die
er dazu benutzte, mit den Händen hinter ihrer Flamme
laut meckernd und fauchend die abenteuerlichsten
Schattenbilder an die Wand zu werfen, Ziegen, Fleder-
mäuse, Teufel und Waldschrate, wobei Pilet auf den Tisch
trommelte, daß die Gläser, Teller, Platten tanzten: „Es
kommt zum Todesurteil, es kommt zum Todesurteil!"
Nur der Verteidiger machte nicht mit, schob die Platte
zu Traps hin. Er solle nehmen, sie müßten sich am Käse
gütlich tun, es bliebe nichts anderes mehr übrig.

Ein Château Margaux[117] wurde gebracht. Damit
kehrte die Ruhe wieder ein. Alle starrten auf den Richter,
der die verstaubte Flasche [Jahrgang 1914] vorsichtig und
umständlich zu entkorken begann, mit einem sonder-
baren, altertümlichen Zapfenzieher, der es ihm ermög-
lichte, den Zapfen[118] aus der liegenden Flasche zu ziehen,
ohne sie aus dem Körbchen zu nehmen, eine Prozedur,

die unter atemloser Spannung erfolgte, galt es doch den
Zapfen möglichst unbeschädigt zu lassen, war er doch der
einzige Beweis, daß die Flasche wirklich aus dem Jahre
1914 stammte, da die vier Jahrzehnte die Etikette längst
vernichtet hatten. Der Zapfen kam nicht ganz, der Rest
mußte sorgfältig entfernt werden, doch war auf ihm noch
die Jahrzahl[119] zu lesen, er wurde von einem zum andern
gereicht, berochen, bewundert und schließlich feierlich
dem Generalvertreter übergeben, zum Andenken an den
wunderschönen Abend, wie der Richter sagte. Der
kostete den Wein nun vor, schnalzte, schenkte ein,
worauf die andern zu riechen, zu schlürfen begannen, in
Rufe des Entzückens ausbrachen, den splendiden Gastgeber priesen. Der Käse wurde herumgereicht, und der
Richter forderte den Staatsanwalt auf, sein „Ankla-
geredchen" zu halten. Der verlangte vorerst neue Kerzen,
es solle feierlich dabei zugehen, andächtig, Konzen-
tration sei vonnöten, innere Sammlung. Simone brachte
das Verlangte. Alle waren gespannt, dem Generalvertreter kam die Angelegenheit leicht unheimlich vor,
er fröstelte, doch gleichzeitig fand er sein Abenteuer
wundervoll, und um nichts auf der Welt hätte er darauf
verzichten wollen. Nur sein Verteidiger schien nicht ganz
zufrieden.

„Gut, Traps", sagte er, „hören wir uns die Anklagerede an. Sie werden staunen, was Sie mit Ihren unvor-
sichtigen Antworten, mit Ihrer falschen Taktik an-
gerichtet haben. War es vorher schlimm, so ist es nun
katastrophal. Doch Courage, ich werde Ihnen schon aus der
Patsche helfen, verlieren Sie nur nicht den Kopf dabei,[120]
wird Sie Nerven kosten, da heil durchzukommen."

Es war so weit. Allgemeines Räuspern, Husten, noch
einmal stieß man an, und der Staatsanwalt begann unter
Gekicher und Geschmunzel seine Rede.

„Das Vergnügliche unseres Herrenabends", sagte er,
indem er sein Glas erhob, doch sonst sitzen blieb, „das
Gelungene ist wohl, daß wir einem Mord auf die Spur
gekommen sind, so raffiniert angelegt, daß er unserer
staatlichen Justiz natürlicherweise mit Glanz entgangen
ist."

Traps stutzte, ärgerte sich mit einem Male „Ich soll
einen Mord begangen haben?" protestierte er, „na
hören Sie, das geht mir etwas zu weit, schon der Verteidiger kam mit dieser faulen Geschichte", aber dann
besann er sich und begann zu lachen, unmäßig, kaum daß
er sich beruhigen konnte, ein wunderbarer Witz, jetzt
begreife er, man wolle ihm ein Verbrechen einreden,
zum Kugeln,[121] das sei einfach zum Kugeln.

Der Staatsanwalt sah würdig zu Traps hinüber,
reinigte das Monokel, klemmte es wieder ein.

„Der Angeklagte", sagt er, „zweifelt an seiner Schuld.
Menschlich. Wer von uns kennt sich, wer von uns weiß
von seinen Verbrechen und geheimen Untaten? Eins
jedoch darf schon jetzt betont werden, bevor die Leiden-
schaften unseres Spiels von neuem aufbrausen: Falls
Traps ein Mörder ist, wie ich behaupte, wie ich innig
hoffe, stehen wir vor einer besonders feierlichen Stunde.
Mit Recht. Es ist ein freudiges Ereignis, die Entdeckung
eines Mordes, ein Ereignis, das unsere Herzen höher
schlagen läßt, uns vor neue Aufgaben, Entscheidungen,
Pflichten stellt, und so darf ich denn vor allem unserem lieben voraussichtlichen Täter gratulieren, ist es
doch ohne Täter nicht gut möglich, einen Mord zu
entdecken, Gerechtigkeit walten zu lassen. Auf ein besonderes Wohl denn unserem Freund, unserem bescheidenen Alfredo Traps, den ein wohlmeinendes Geschick in
unsere Mitte brachte!"

Jubel brach aus, man erhob sich, trank auf das Wohl

des Generalvertreters, der dankte, Tränen in den Augen, und versicherte, es sei sein schönster Abend.

Der Staatsanwalt, nun ebenfalls mit Tränen: „Sein schönster Abend, verkündet unser Verehrter, ein Wort, ein erschütterndes Wort. Denken wir an die Zeit zurück, da im Dienste des Staats ein trübes Handwerk zu verrichten war. Nicht als Freund stand uns damals der Angeklagte gegenüber, sondern als Feind; wen wir nun an unsere Brust drücken dürfen, hatten wir von uns zu stoßen. An meine Brust denn!"

Bei diesen Worten sprang er auf, riß Traps hoch und umarmte ihn stürmisch.

„Staatsanwalt, lieber, lieber Freund", stammelte der Generalvertreter.

„Angeklagter, lieber Traps", schluchzte der Staatsanwalt. „Sagen wir du zueinander. Heiße Kurt. Auf dein Wohl, Alfredo!"

„Auf dein Wohl, Kurt!"

Sie küßten sich, herzten, streichelten sich, tranken einander zu, Ergriffenheit breitete sich aus, die Andacht einer erblühenden Freundschaft. „Wie hat sich doch alles geändert", jubelte der Staatsanwalt; „hetzten wir einst von Fall zu Fall, von Verbrechen zu Verbrechen, von Urteil zu Urteil, so begründen, entgegnen, referieren, disputieren, reden und erwidern wir jetzt mit Muße, Gemütlichkeit, Fröhlichkeit, lernen den Angeklagten schätzen, lieben, seine Sympathie schlägt uns entgegen, Verbrüderung[122] hüben und drüben. Ist die erst hergestellt, fällt alles leicht, wird Verbrechen schwerelos, Urteil heiter. So laßt mich denn zum vollbrachten Mord Worte der Anerkennung sprechen. [Traps dazwischen, nun wieder in glänzendster Laune: „Beweisen, Kurtchen, beweisen!"] Berechtigterweise, denn es handelt sich um einen perfekten, um einen schönen Mord. Nun könnte

der liebenswerte Täter darin einen burschikosen Zynismus
finden, nichts liegt mir ferner; «schön» vielmehr darf
seine Tat in zweierlei Hinsicht bezeichnet werden, in
einem philosophischen und in einem technisch-virtuosen
Sinne: Unsere Tafelrunde nämlich, verehrter Freund Alfredo, gab das Vorurteil auf, im Verbrechen etwas
Unschönes zu erblicken, Schreckliches, in der Gerechtigkeit dagegen etwas Schönes, wenn auch vielleicht
mehr Schrecklichschönes, nein, wir erkennen auch im
Verbrechen die Schönheit als die Vorbedingung, die erst
Gerechtigkeit möglich macht. Dies die philosophische
Seite. Würdigen wir nun die technische Schönheit der
Tat. Würdigung. Ich glaube das rechte Wort getroffen
zu haben, will doch meine Anklagerede nicht eine
Schreckensrede sein, die unseren Freund genieren, ver-
wirren könnte, sondern eine Würdigung, die ihm sein
Verbrechen aufweist, aufblühen läßt, zu Bewußtsein
bringt: Nur auf dem reinen Sockel der Erkenntnis ist es
möglich, das fugenlose[123] Monument der Gerechtigkeit
zu errichten."

Der sechsundachtzigjährige Staatsanwalt hielt erschöpft inne. Er hatte trotz seinem Alter mit lauter
schnarrender Stimme und mit großen Gesten geredet,
dabei viel getrunken und gegessen. Nun wischte er sich
den Schweiß mit der umgebundenen fleckigen Serviette
von der Stirne, trocknete den verrunzelten[124] Nacken.
Traps war gerührt. Er saß schwer in seinem Sessel, träge
vom Menu.[125] Er war satt, doch von den vier Greisen
wollte er sich nicht ausstechen lassen,[126] wenn er sich
auch gestand, daß der Riesenappetit der Alten und deren
Riesendurst ihm zu schaffen machten. Er war ein wackerer
Esser, doch eine solche Vitalität und Gefräßigkeit war
ihm noch nie vorgekommen. Er staunte, glotzte träge
über den Tisch, geschmeichelt über die Herzlichkeit, mit

der ihn der Staatsanwalt behandelte, hörte von der
Kirche her mit feierlichen Schlägen zwölf schlagen, und
dann dröhnte ferne, nächtlich der Chor der Kleinviehzüchter: „Unser Leben gleicht der Reise . . ."[127]

„Wie im Märchen", staunte der Generalvertreter
immer wieder, „wie im Märchen", und dann: „Einen
Mord soll ich begangen haben, ausgerechnet ich?[128]
Nimmt mich nur wunder, wie."

Unterdessen hatte der Richter eine weitere Flasche
Château Margaux 1914 entkorkt, und der Staatsanwalt,
wieder frisch, begann von neuem.

„Was ist nun geschehen", sagte er, „wie entdeckte ich,
daß unserem lieben Freund ein Mord nachzurühmen sei,
und nicht nur ein gewöhnlicher Mord, nein, ein virtuoser
Mord, der ohne Blutvergießen, ohne Mittel wie Gift,
Pistolen und dergleichen durchgeführt worden ist?"

Er räusperte sich, Traps starrte, Vacherin im Mund,
gebannt auf ihn.

Als Fachmann müsse er durchaus von der These aus-
gehen, fuhr der Staatsanwalt fort, daß ein Verbrechen
hinter jedem Vorgang, hinter jeder Person lauern könne.
Die erste Ahnung, in Herrn Traps einen vom Schicksal
Begünstigten und mit einem Verbrechen Begnadeten
getroffen zu haben, sei dem Umstand zu verdanken gewesen, daß der Textilreisende noch vor einem Jahr einen
alten Citroën gefahren habe und nun mit einem Studebaker herumstolziere. „Nun weiß ich allerdings", sagte
er weiter, „daß wir in einer Zeit der Hochkonjunktur
leben, und so war die Ahnung noch vage, mehr dem
Gefühl vergleichbar, vor einem freudigen Erlebnis zu
stehen, eben vor der Entdeckung eines Mords. Daß unser
lieber Freund den Posten seines Chefs übernommen, daß
er den Chef verdrängen mußte, daß der Chef gestorben
ist, all diese Tatsachen waren noch keine Beweise, sondern

erst Momente, die jenes Gefühl bestärkten, fundierten. Verdacht, logisch unterbaut, kam erst hoch, als zu erfahren war, woran dieser sagenhafte Chef starb: an einem Herzinfarkt. Hier galt es einzusetzen, zu kombinieren, Scharfsinn, Spürsinn aufzubieten, diskret vorzugehen, sich an die Wahrheit heranzupirschen, das Gewöhnliche als das Außergewöhnliche zu erkennen, Bestimmtes im Unbestimmten zu sehen, Umrisse im Nebel, an einen Mord zu glauben, gerade weil es absurd schien, einen Mord anzunehmen. Überblicken wir das vorhandene Material. Entwerfen wir ein Bild des Verstorbenen. Wir wissen wenig von ihm; was wir wissen, entnehmen wir den Worten unseres sympathischen Gastes. Herr Gygax war der Generalvertreter des Hephaiston-Kunststoffes, dem wir all die angenehmen Eigenschaften, die ihm unser liebster Alfredo nachsagt, gerne zutrauen. Er war ein Mensch, dürfen wir folgern, der aufs Ganze ging, seine Untergebenen rücksichtslos ausnutzte, der Geschäfte zu machen verstand, wenn auch die Mittel, mit denen er diese Geschäfte abschloß, oft mehr als bedenklich waren."

„Das stimmt", rief Traps begeistert, „der Gauner ist vollendet getroffen!"

„Weiter dürfen wir schließen", fuhr der Staatsanwalt fort, „daß er gegen außen gern den Robusten, den Kraftmeier,[129] den erfolgreichen Geschäftsmann spielte, jeder Situation gewachsen und mit allen Wassern gewaschen,[130] weshalb Gygax denn auch die schwere Herzkrankheit aufs sorgsamste geheim hielt, auch hier zitieren wir Alfredo, nahm er doch dieses Leiden in einer Art trotziger Wut hin, wie wir uns denken können, als einen persönlichen Prestigeverlust sozusagen."

„Wunderbar", staunte der Generalvertreter, das sei geradezu Hexerei, und er würde wetten, daß Kurt mit dem Verstorbenen bekannt gewesen sei.

Er solle doch schweigen, zischte der Verteidiger.

„Dazu kommt", erklärte der Staatsanwalt, „wollen wir das Bild des Herrn Gygax vervollständigen, daß der Verstorbene seine Frau vernachlässigte, die wir uns als ein leckeres und gutgebautes Frauenzimmerchen[131] zu denken haben — wenigstens hat sich unser Freund so ungefähr ausgedrückt. Für Gygax zählte nur der Erfolg, das Geschäft, das Äußere, die Fassade, und wir können mit einer gewissen Wahrscheinlichkeit vermuten, daß er von der Treue seiner Frau überzeugt und der Meinung gewesen war, eine zu außergewöhnliche Erscheinung zu sein und ein zu exzeptionelles Mannsbild,[132] um bei seiner Gattin auch nur den Gedanken an einen Ehebruch hochkommen zu lassen, weshalb es denn für ihn ein harter Schlag gewesen sein müßte, hätte er von der Untreue seiner Frau mit unserem Casanova von der Schlaraffia erfahren."

Alle lachten, und Traps schlug sich auf die Schenkel. „Er war es auch", bestätigte er strahlend die Vermutung des Staatsanwalts.

„Es gab ihm den Rest, als er dies erfuhr."

„Sie sind einfach toll", stöhnte der Verteidiger.

Der Staatsanwalt hatte sich erhoben und sah glücklich zu Traps hinüber, der mit seinem Messer am Tête de Moine schabte, „Ei", fragte er, „wie erfuhr er denn davon, der alte Sünder? Gestand ihm sein leckeres Frauchen?"

„Dazu war es zu feige, Herr Staatsanwalt", antwortete Traps, „es fürchtete sich vor dem Gangster gewaltig."

„Kam Gygax selber dahinter?"

„Dazu war er zu eingebildet."

„Gestandest etwa du, mein lieber Freund und Don Juan?"

Traps bekam unwillkürlich einen roten Kopf: „Aber

nein, Kurt", sagte er, „was denkst du auch. Einer seiner sauberen Geschäftsfreunde klärte den alten Gauner auf."

„Wieso denn?"

„Wollte mich schädigen. War mir immer feindlich gesinnt."

„Menschen gibt's", staunte der Staatsanwalt. „Doch wie erfuhr denn dieser Ehrenmann von Deinem Verhältnis?"

„Habe es ihm erzählt."

„Erzählt?"

„Na ja — bei einem Glase Wein. Was erzählt man nicht alles."

„Zugegeben", nickte der Staatsanwalt, „aber du sagtest doch eben, daß dir der Geschäftsfreund des Herrn Gygax feindlich gesinnt war. Bestand da nicht von *vorneherein* die Gewißheit, daß der alte Gauner von allem erfahren würde?"

Nun mischte sich der Verteidiger energisch ein, erhob sich sogar, schweißübergossen, den Kragen seines Gehrocks aufgeweicht. Er möchte Traps darauf aufmerksam machen, erklärte er, daß diese Frage nicht beantwortet werden müsse.

Traps war anderer Meinung.

„Warum denn nicht?" sagte er. „Die Frage ist doch ganz harmlos. Es konnte mir doch gleichgültig sein, ob Gygax davon erführe oder nicht. Der alte Gangster handelte mir gegenüber derart rücksichtslos, daß ich nun wirklich nicht den Rücksichtsvollen spielen mußte."

Einen Augenblick war es wieder still im Zimmer, totenstill, dann brach Tumult aus, Übermut, homerisches Gelächter,[133] ein Orkan an Jubel. Der Glatzköpfige, Schweigsame umarmte Traps, küßte ihn, der Verteidiger verlor den Zwicker vor Lachen, einem solchen Angeklagten

F

könne man einfach nicht böse sein, während der Richter
und der Staatsanwalt im Zimmer herumtanzten, an die
Wände polterten, sich die Hände schüttelten, auf die
Stühle kletterten, Flaschen zerschmetterten, vor Vergnügen den unsinnigsten Schabernack trieben. Der Angeklagte gestehe aufs neue, krächzte der Staatsanwalt
mächtig ins Zimmer, nun auf der Lehne eines Stuhles sitzend, der liebe Gast sei nicht genug zu rühmen, er spiele
das Spiel vortrefflich. „Der Fall ist deutlich, die letzte
Gewißheit gegeben", fuhr er fort, auf dem schwankenden
Stuhl wie ein verwittertes barockes Monument. „Betrach-
ten wir den Verehrten, unseren liebsten Alfredo! Diesem
Gangster von einem Chef war er also ausgeliefert und fuhr
seinen Citroën durch die Gegend. Noch vor einem Jahr!
Er hätte stolz darauf sein können, unser Freund, dieser
Vater von vier Kinderchen, dieser Sohn eines Fabrikar-
beiters. Und mit Recht. Noch im Kriege war er Hausierer
gewesen, nicht einmal das, ohne Patent,[134] ein Vagabund
mit illegitimer Textilware, ein kleiner Schwarzhändler,[135]
mit der Bahn von Dorf zu Dorf oder zu Fuß über Feld-
wege, oft kilometerweit durch dunkle Wälder nach fernen
Höfen, eine schmutzige Ledertasche umgehängt, oder gar
einen Korb, einen halbgeborstenen Koffer in der Hand.
Nun hatte er sich verbessert, in ein Geschäft eingenistet,
war Mitglied der liberalen Partei, im Gegensatz zu seinem
Marxistenvater. Doch wer ruht auf dem Aste aus, der
endlich erklettert ist, wenn über ihm, dem Gipfel zu,
poetisch gesagt, sich weitere Äste mit noch besseren
Früchten zeigen? Zwar verdiente er gut, flitzte mit seinem
Citroën von Textilgeschäft zu Textilgeschäft, die Maschine
war nicht schlecht, doch unser lieber Alfredo sah links und
rechts neue Modelle auftauchen, vorbeisausen, ihm ent-
gegenrasen und ihn überholen. Der Wohlstand stieg im
Land, wer wollte da nicht mittun?"

„Ganz genau so war es, Kurt", strahlte Traps, „Ganz
genau so."

Die Staatsanwalt war nun in seinem Element, glücklich,
zufrieden wie ein reich beschertes Kind.

„Das war leichter beschlossen als getan",[136] erläuterte
er, immer noch auf der Lehne seines Stuhls, „sein Chef
ließ ihn nicht hoch kommen, bösartig, zäh nützte er ihn
aus, gab ihm Vorschüsse auf neue Bindungen,[137] wußte
ihn immer unbarmherziger zu fesseln!"

„Sehr richtig", schrie der Generalvertreter empört. „Sie
haben keine Ahnung, meine Herren, wie ich in die Zange
genommen wurde[138] vom alten Gangster!"

„Da mußte aufs Ganze gegangen werden", sagte der
Staatsanwalt.

„Und wie!" bestätigte Traps.

Die Zwischenrufe des Angeklagten befeuerten den Staatsanwalt, er stand nun auf dem Stuhl, die Serviette, die er
wie eine Fahne schwang, bespritzt mit Wein, Salat auf der
Weste, Tomatensauce, Fleischreste. „Unser lieber Freund
ging zuerst geschäftlich vor, auch hier nicht ganz fair,
wie er selber zugibt. Wir können uns ungefähr ein Bild
machen, wie. Er setzte sich heimlich mit den Lieferanten
seines Chefs in Verbindung, sondierte, versprach bessere
Bedingungen, stiftete Verwirrung, unterredete sich mit
anderen Textilreisenden, schloß Bündnisse und gleichzeitig Gegenbündnisse. Doch dann kam er auf die Idee,
noch einen anderen Weg einzuschlagen."

„Noch einen andern Weg?" staunte Traps. Der Staatsan-
walt nickte. „Dieser Weg, meine Herren, führte über das
Kanapee in der Wohnung Gygaxens direkt in dessen
Ehebett."

Alles lachte, besonders Traps. „Wirklich", bestätigte er,
„es war ein böser Streich, den ich da dem alten Gangster
spielte. Die Situation war aber auch zu komisch, denke

ich zurück. Ich habe mich zwar bis jetzt eigentlich
geschämt, dies zu tun, wer ist sich gern über sich selber im
klaren, ganz saubere Wäsche hat ja keiner,[139] doch unter
so verständnisvollen Freunden wird die Scham etwas
Lächerliches, Unnötiges. Merkwürdig! Ich fühle mich verstanden und beginne auch mich zu verstehen, als mache
ich mit einem Menschen Bekanntschaft, der ich selber bin,
den ich vorher nur von ungefähr kannte als einen Generalvertreter in einem Studebaker, mit Frau und Kind[140] irgendwo."

„Wir stellen mit Vergnügen fest", sagte darauf der
Staatsanwalt mit Wärme und Herzlichkeit, „daß unserem
Freunde ein Lichtchen aufgeht. Helfen wir weiter, damit
es taghell werde. Spüren wir seinen Motiven nach mit dem
Eifer fröhlicher Archäologen, und wir stoßen auf die
Herrlichkeit versunkener Verbrechen. Er begann mit Frau
Gygax ein Verhältnis. Wie kam er dazu? Er sah das
leckere Frauenzimmerchen, können wir uns ausdenken.
Vielleicht war es einmal spät abends, vielleicht im Winter,
so um sechs herum [Traps: „Um sieben, Kurtchen, um
sieben!"], wie die Stadt schön nächtlich war, mit goldenen
Straßenlaternen, mit erleuchteten Schaufenstern und Kinos
und grünen und gelben Leuchtreklamen[141] überall, gemütlich, wollüstig, verlockend. Er war mit dem Citroën
über die glitschigen Straßen nach dem Villenviertel[142]
gefahren, wo sein Chef wohnte [Traps begeistert dazwischen: „Ja, ja, Villenviertel!"], eine Mappe unter dem
Arm, Aufträge, Stoffmuster,[143] eine wichtige Entscheidung
war zu fällen, doch befand sich Gygaxens Limousine
nicht an ihrem gewohnten Platz am Trottoirrand,[144]
trotzdem ging er durch den dunklen Park, läutete, Frau
Gygax öffnete, ihr Gatte käme heute nicht nach Hause
und ihr Dienstmädchen sei ausgegangen, sie war im
Abendkleid, oder, noch besser, im Bademantel,[145] trotz-

dem solle doch Traps einen Aperitif nehmen, sie lade ihn
herzlich ein, und so saßen sie im Salon beieinander."

Traps staunte. „Wie du das alles weißt, Kurtchen! Das
ist ja wie verhext!"

„Übung", erklärte der Staatsanwalt. „Die Schicksale
spielen sich alle gleich ab. Es war nicht einmal eine Ver-
führung, weder von Seiten Trapsens noch von jener der
Frau, es war eine Gelegenheit, die er ausnützte. Sie war
allein und langweilte sich, dachte an nichts Besonderes,
war froh, mit jemandem zu sprechen, die Wohnung angenehm warm und unter dem Bademantel mit den bun-
ten Blumen trug sie nur das Nachthemd, und wie Traps
neben ihr saß und ihren weißen Hals sah, den Ansatz ihrer
Brust, und wie sie plauderte, böse über ihren Mann, enttäuscht, wie unser Freund wohl spürte, begriff er erst, daß
er hier ansetzen[146] müsse, als er schon angesetzt hatte, und
dann erfuhr er bald alles über Gygax, wie bedenklich es
mit seiner Gesundheit stehe, wie jede große Aufregung
ihn töten könne, sein Alter, wie grob und böse er mit seiner
Frau sei und wie felsenfest überzeugt von ihrer Treue,
denn von einer Frau, die sich an ihrem Mann rächen will,
erfährt man alles, und so fuhr er fort mit dem Verhältnis,
denn nun war es eben seine Absicht, denn nun ging es
ihm darum, seinen Chef mit allen Mitteln zu ruinieren,
komme was da wolle, und so kam denn der Augenblick,
wo er alles in der Hand hatte, Geschäftspartner, Lieferanten,
die weiße, mollige, nackte Frau in den Nächten, und so zog
er die Schlinge zu, beschwor den Skandal herauf. Ab-
sichtlich. Auch darüber sind wir nun schon im Bilde: Trauliche Dämmerstunde, Abendstunde auch hier. Unseren
Freund finden wir in einem Restaurant, sagen wir in
einer Weinstube der Altstadt, etwas überheizt, alles währschaft,[147] patriotisch, gediegen, auch die Preise, Butzen-
scheiben, der stattliche Wirt [Traps: „Im Rathauskeller,[148]

Kurtchen!"], die stattliche Wirtin, wie wir nun korrigieren müssen, umrahmt von den Bildern der toten Stammgäste, ein Zeitungsverkäufer, der durchs Lokal wandert, es wieder verläßt, später Heilsarmee, Lieder singend, „Laßt den Sonnenschein herein",[149] einige Studenten, ein Professor, auf einem Tisch zwei Gläser und eine gute Flasche, man läßt sich's was kosten, in der Ecke endlich, bleich, fett, schweißbetaut mit offenem Kragen, schlagflüssig[150] wie das Opfer, auf das nun gezielt wird, der saubere Geschäftsfreund, verwundert, was dies alles zu bedeuten, weshalb Traps ihn auf einmal eingeladen habe, aufmerksam zuhörend, aus Trapsens eigenem Munde den Ehebruch vernehmend, um dann, Stunden später, wie es nicht anders sein konnte und wie es unser Alfredo vorausgesehen hatte, zum Chef zu eilen, aus Pflichtgefühl, Freundschaft und innerem Anstand, den Bedauernswerten aufzuklären."

„So ein Heuchler!", rief Traps, gebannt mit runden glänzenden Augen der Schilderung des Staatsanwalts zuhörend, glücklich, die Wahrheit zu erfahren, seine stolze, kühne, einsame Wahrheit.

Dann:

„So kam denn das Verhängnis, der genau berechnete Augenblick, da Gygax alles erfuhr, noch konnte der alte Gangster heimfahren, stellen wir uns vor, wuterfüllt, schon im Wagen Schweißausbruch, Schmerzen in der Herzgegend, zitternde Hände, Polizisten, die ärgerlich pfiffen, Verkehrszeichen, die übersehen wurden, mühsamer Gang von der Garage zur Haustüre, Zusammenbruch, noch im Korridor vielleicht, während ihm die Gattin entgegentrat, das schmucke leckere Frauenzimmerchen; es ging nicht sehr lange, der Arzt gab noch Morphium, dann hinüber,[151] endgültig, noch ein unwichtiges Röcheln, Aufschluchzen von Seiten der Gattin, Traps, zu Hause im

Kreise seiner Lieben, nimmt das Telephon ab, Bestürzung, innerer Jubel, es ist erreicht, Stimmung, drei Monate später Studebaker."

Erneutes Gelächter. Der gute Traps, von einer Verblüffung in die andere gerissen, lachte mit, wenn auch leicht verlegen, kratzte sich im Haar, nickte dem Staatsanwalt anerkennend zu, doch nicht unglücklich. Er war sogar guter Laune. Er fand den Abend aufs beste gelungen; daß man ihm einen Mord zumutete, bestürzte ihn zwar ein wenig und machte ihn nachdenklich, ein Zustand, den er jedoch als angenehm empfand, stieg doch eine Ahnung von höheren Dingen, von Gerechtigkeit, von Schuld und Sühne in ihm hoch, erfüllte ihn mit Staunen. Die Furcht, die er nicht vergessen hatte, die ihn im Garten überfallen und dann später bei den Heiterkeitsausbrüchen der Tafelrunde, kam ihm jetzt unbegründet vor, erheiterte ihn. Alles war so menschlich. Er war gespannt auf das Weitere. Die Gesellschaft siedelte in den Salon zum schwarzen Kaffee über, torkelnd, mit stolperndem Verteidiger, in einen mit Nippsachen[152] und Vasen überladenen Raum. Enorme Stiche an den Wänden, Stadtansichten, Historisches, Rütlischwur,[153] Schlacht bei Laupen,[154] Untergang der Schweizergarde,[155] das Fähnlein der sieben Aufrechten,[156] Gipsdecke, Stukkatur, in der Ecke ein Flügel, bequeme Sessel, nieder, riesig, Stickereien darauf, fromme Sprüche, „Wohl dem, der den Weg des Gerechten wandelt",[157] „Ein gutes Gewissen ist das beste Ruhekissen".[158] Durch die offenen Fenster sah man die Landstraße, ungewiß zwar in der Dunkelheit, mehr Ahnung, doch märchenhaft, versunken, mit schwebenden Lichtern und Scheinwerfern der Automobile, die in dieser Stunde nur spärlich rollten, ging es doch gegen zwei. Was Mitreissenderes als die Rede Kurtchens habe er noch gar nicht erlebt, meinte Traps. Im wesentlichen sei dazu nicht viel

zu bemerken, einige leise Berichtigungen, gewiß, die seien
angebracht. So sei der saubere[159] Geschäftsfreund etwa
klein und hager gewesen, und mit steifem Kragen, durchaus
nicht verschwitzt, und Frau Gygax habe ihn nicht in
einem Bademantel empfangen, sondern in einem freilich
weit ausgeschnittenen Kimono, so daß ihre herzliche Ein-
ladung auch bildlich[160] gemeint gewesen sei — das war
einer seiner Witze, ein Exempel seines bescheidenen Hu-
mors —, auch habe der verdiente Infarkt den Obergang-
ster nicht im Hause, sondern in seinen Lagerräumen getroffen, während eines Föhnsturms,[161] noch eine Einlie-
ferung ins Spital, dann Herzriß[162] und Abgang,[163] doch
dies sei, wie gesagt, unwesentlich, und vor allem stimme es
genau, was da sein prächtiger Busenfreund und Staatsanwalt erläutert habe, er hätte sich wirklich mit Frau Gygax
nur eingelassen, um den alten Gauner zu ruinieren, ja, er
erinnere sich nun deutlich, wie er in dessen Bett über
dessen Gattin auf dessen Photographie gestarrt habe, auf
dieses unsympathische, dicke Gesicht mit der Hornbrille
vor den glotzenden Augen, und wie die Ahnung als eine
wilde Freude über ihn gekommen sei, mit dem, was er nun
so lustig und eifrig betreibe, ermorde er recht eigentlich
seinen Chef, mache er ihm kaltblütig den Garaus.

Man saß schon in den weichen Sesseln mit den frommen
Sprüchen, als dies Traps erklärte, griff nach den heißen
Kaffeetäßchen, rührte mit den Löffelchen, trank dazu
einen Kognak aus dem Jahre 1893, Roffignac,[164] aus
großen bauchigen Gläsern.

Somit komme er zum Strafantrag, verkündete der
Staatsanwalt, quer in einem monströsen Backensessel[165]
sitzend, die Beine mit den verschiedenen Socken [grau-
schwarz karriert — grün] über eine Lehne hochgezogen.
Freund Alfredo habe nicht dolo indirecto gehandelt, als
wäre der Tod nur zufällig erfolgt, sondern dolo malo,[166]

mit böswilligem Vorsatz, worauf ja schon die Tatsachen
wiesen, daß er einerseits selbst den Skandal provoziert,
anderseits nach dem Tode des Obergangsters dessen
leckeres Frauchen nicht mehr besucht habe, woraus
zwangsläufig folge, daß die Gattin nur ein Werkzeug für
seine blutrünstigen Pläne gewesen sei, die galante Mord-
waffe sozusagen, daß somit ein Mord vorliege, auf eine
psychologische Weise durchgeführt, derart, daß, außer
einem Ehebruch, sich nichts Gesetzwidriges[167] ereignet
habe, freilich scheinbar nur, weshalb er denn, da sich
dieser Schein nun verflüchtigt, ja, nachdem der teure
Angeklagte selbst aufs freundlichste gestanden, als Staatsanwalt das Vergnügen habe — und damit komme er an
den Schluß seiner Würdigung —, vom hohen Richter die
Todesstrafe für Alfredo Traps zu fordern als Belohnung
für ein Verbrechen, das Bewunderung, Staunen, Respekt
verdiene und ein Anrecht darauf habe, als eines der
außerordentlichsten des Jahrhunderts zu gelten.

Man lachte, klatschte Beifall und stürzte sich auf die
Torte, die Simone nun hereinbrachte. Zur Krönung des
Abends, wie sie sagte. Draußen stieg als Attraktion ein
später Mond auf, eine schmale Sichel, mäßiges Rauschen
in den Bäumen, sonst Stille, auf der Straße nur selten noch
ein Automobil, dann irgendein verspäteter Heimkehrer,
vorsichtig, leicht im Zickzack. Der Generalvertreter fühlte
sich geborgen, saß neben Pilet in einem weichen plauschigen[168] Kanapee, Spruch: „Hab oft im Kreise der
Lieben",[169] legte den Arm um den Schweigsamen, der nur
von Zeit zu Zeit ein staunendes „Fein" mit windigem
zischendem F verlauten ließ, schmiegte sich an seine
pomadige[170] Eleganz. Mit Zärtlichkeit. Mit Gemütlichkeit. Wange an Wange. Der Wein hatte ihn schwer und
friedlich gemacht, er genoß es, in der verständnisvollen
Gesellschaft wahr, sich selber zu sein,[171] kein Geheimnis

mehr zu haben, weil keines mehr nötig war, gewürdigt zu sein, verehrt, geliebt, verstanden, und der Gedanke, einen Mord begangen zu haben, überzeugte ihn immer mehr, rührte ihn, verwandelte sein Leben, machte es schwieriger, heldischer, kostbarer. Er begeisterte ihn geradezu. Er hatte den Mord geplant und ausgeführt, stellte er sich nun vor, um vorwärtszukommen, aber dies nicht eigentlich beruflich, aus finanziellen Gründen etwa, aus dem Wunsche nach einem Studebaker heraus, sondern — das war das Wort — um ein wesentlicher, ein tieferer Mensch zu werden, wie ihm schwante — hier an der Grenze seiner Denkkraft —, würdig der Verehrung, der Liebe von gelehrten, studierten Männern, die ihm nun — selbst Pilet — wie jene urweltlichen Magier vorkamen, von denen er einmal im «Reader's Digest» gelesen hatte, die jedoch nicht nur das Geheimnis der Sterne, sondern mehr, auch das Geheimnis der Justiz kannten [er berauschte sich an diesem Wort], welche er in seinem Textilbranchenleben nur als eine abstrakte Schikane gekannt hatte, und die nun wie eine ungeheure, unbegreifliche Sonne über seinen beschränkten Horizont stieg, als eine nicht ganz begriffene Idee, die ihn darum nur umso mächtiger erschauern, erbeben ließ; und so hörte er denn, goldbraunen Kognak schlürfend, zuerst tief verwundert, dann immer entrüsteter den Ausführungen des dicken Verteidigers zu, diesen eifrigen Versuchen, seine Tat in etwas Gewöhnliches, Bürgerliches, Alltägliches zurückzuverwandeln. Er habe mit Vergnügen der erfindungsreichen Rede des Herrn Staatsanwalts zugehört, führte Herr Kummer aus, den Zwicker vom roten aufgequollenen Fleischklumpen seines Gesichts hebend und mit kleinen, zierlichen, geometrischen Gesten dozierend. Gewiß, der alte Gangster Gygax sei tot, sein Klient habe schwer unter ihm zu leiden gehabt, sich auch in eine wahre Animosität gegen ihn hinein-

gesteigert, ihn zu stürzen versucht, wer wolle dies be-
streiten, wo komme dies nicht vor, phantastisch sei es nur,
diesen Tod eines herzkranken Geschäftsmannes als Mord
hinzustellen [„Aber ich habe doch gemordet!" protestierte
Traps, wie aus allen Wolken gefallen]. Im Gegensatz zum
Staatsanwalt halte er den Angeklagten für unschuldig, ja,
nicht zur Schuld fähig [Traps dazwischen, nun schon erbittert: „Aber ich bin doch schuldig!"]. Der Generalvertreter des Hephaiston-Kunststoffes sei ein Beispiel für
viele. Wenn er ihn der Schuld unfähig bezeichne, so wolle
er damit nicht behaupten, daß er schuldlos sei, im Gegenteil. Traps sei vielmehr verstrickt in alle möglichen Arten
von Schuld, er ehebrüchle,[172] schwindle sich durchs Leben
mit einer gewissen Bösartigkeit bisweilen, aber nicht etwa
so, daß sein Leben nur aus Ehebruch und Schwindelei
bestände, nein, nein, es habe auch seine positiven Seiten,
durchaus seine Tugenden. Freund Alfredo sei fleißig,
hartnäckig,[173] ein treuer Freund seiner Freunde, versuche
seinen Kindern eine bessere Zukunft zu ermöglichen,
staatspolitisch zuverlässig, man nehme alles nur in allem,
nur sei er vom Unkorrekten wie angesäuert,[174] leicht ver-
dorben, wie dies eben bei manchem Durchschnittsleben
der Fall sei, der Fall sein müsse, doch gerade deshalb
wieder sei er zur großen, reinen, stolzen Schuld, zur ent-
schlossenen Tat, zum eindeutigen Verbrechen nicht fähig.
[Traps: „Verleumdung, pure Verleumdung!"] Er sei nicht
ein Verbrecher, sondern ein Opfer der Epoche, des Abend-
landes, der Zivilisation, die, ach, den Glauben [immer
wolkiger werdend], das Christentum, das Allgemeine
mehr und mehr verloren habe, chaotisch sei, so daß dem
Einzelnen kein Leitstern blinke, Verwirrung, Verwilderung
als Resultat auftrete, Faustrecht[175] und Fehlen einer
wahren Sittlichkeit. Was sei nun geschehen? Dieser Durchschnittsmensch sei gänzlich unvorbereitet einem raffinier-

ten Staatsanwalt in die Hände gefallen. Sein instinktives
Walten und Schalten[176] in der Textilbranche, sein Privatleben, all die Abenteuer eines Daseins, das sich aus Ge-
schäftsreisen, aus dem Kampf um den Brotkorb[177] und aus
mehr oder weniger harmlosen Vergnügungen zusammengesetzt habe, sei nun durchleuchtet, durchforscht, seziert[178]
worden, unzusammenhängende Tatsachen seien zusam-
mengeknüpft, ein logischer Plan ins Ganze geschmuggelt,
Vorfälle als Ursachen von Handlungen dargestellt worden, die auch gut hätten anders geschehen können, Zufall
hätte man in Absicht, Gedankenlosigkeit in Vorsatz ver-
dreht, so daß schließlich zwangsläufig dem Verhör ein
Mörder entsprungen sei wie dem Zylinder des Zauberers
ein Kaninchen. [Traps: „Das ist nicht wahr!"] Betrachte
man den Fall Gygax nüchtern objektiv, ohne den Mysti-
fikationen des Staatsanwalts zu erliegen, so komme man
zum Resultat, daß der alte Gangster seinen Tod im
wesentlichen sich selbst zu verdanken habe, seinem un-
ordentlichen Leben, seiner Konstitution. Was die Mana-
gerkrankheit bedeute, wisse man zur Genüge, Unrast,
Lärm, zerrüttete Ehe und Nerven, doch sei am eigent-
lichen Infarkt der Föhnsturm schuld gewesen, den Traps
erwähnt habe, gerade der Föhn spiele bei Herzgeschichten[179] eine Rolle [Traps: „Lächerlich!"], so daß es sich
eindeutig um einen bloßen Unglücksfall handle. Natürlich
sei sein Klient rücksichtslos vorgegangen, doch sei er nun
eben den Gesetzen des Geschäftslebens unterworfen, wie
er ja selber immer wieder betone, natürlich hätte er oft
seinen Chef am liebsten getötet, was denke man nicht
alles, was tue man nicht alles in Gedanken, aber eben
nur in Gedanken, eine Tat außerhalb dieser Gedanken sei
weder vorhanden noch feststellbar. Es sei absurd, dies anzunehmen, noch absurder jedoch, wenn sich sein Klient
nun selber einbilde, einen Mord begangen zu haben, er

habe gleichsam zu seiner Autopanne noch eine zweite, eine
geistige Panne[180] erlitten, und somit beantrage er, der
Verteidiger, für Alfredo Traps den Freispruch usw. usw.
Immer mehr ärgerte den Generalvertreter dieser wohl-
meinende Nebel, mit dem sein schönes Verbrechen zuge-
deckt wurde, in welchem es sich verzerrte, auflöste, un-
wirklich, schattenhaft, ein Produkt des Barometerstandes
wurde. Er fühlte sich unterschätzt, und so begehrte er denn
auch weiterhin auf, kaum hatte der Verteidiger geendet.
Er erklärte, entrüstet und sich erhebend, einen Teller mit
einem neuen Stück Torte in der Rechten, sein Glas Roffignac in der Linken, er möchte, bevor es zum Urteil
komme, nur noch einmal auf das bestimmteste beteuern,
daß er der Rede des Staatsanwalts zustimme — Tränen
traten hier in seine Augen —, es sei ein Mord gewesen, ein
bewußter Mord, das sei ihm jetzt klar, die Rede des Verteidigers dagegen habe ihn tief enttäuscht, ja entsetzt,
gerade von ihm hätte er Verständnis erhofft, erhoffen
dürfen, und so bitte er um das Urteil, mehr noch, um
Strafe, nicht aus Kriecherei, sondern aus Begeisterung,
denn erst in dieser Nacht sei ihm aufgegangen, was es
heiße, ein *wahrhaftes* Leben zu führen [hier verwirrte sich
der Gute, Wackere], wozu eben die höheren Ideen der
Gerechtigkeit, der Schuld und der Sühne nötig seien wie
jene chemischen Elemente und Verbindungen, aus denen
sein Kunststoff zusammengebraut werde, um bei seiner
Branche zu bleiben, eine Erkenntnis, die ihn neu geboren
habe, jedenfalls — sein Wortschatz außerhalb seines Berufs
gestalte sich etwas dürftig, man möge verzeihen, so daß er
kaum auszudrücken in der Lage sei, was er eigentlich
meine — jedenfalls scheine ihm Neugeburt der gemäße
Ausdruck für das Glück zu sein, das ihn nun wie ein
mächtiger Sturmwind durchwehe, durchbrause, durch-
wühle.

So kam es denn zum Urteil, das der kleine, nun auch
schwerbetrunkene Richter unter Gelächter,[181] Gekreisch,
Jauchzen und Jodelversuchen [des Herrn Pilet] bekannt-
gab, mit Mühe, denn nicht nur, daß er auf den Flügel in
der Ecke geklettert war, oder besser, in den Flügel, denn er
hatte ihn vorher geöffnet, auch die Sprache selbst machte
hartnäckige Schwierigkeiten. Er stolperte über Worte,
andere verdrehte er wieder oder verstümmelte sie, fing
Sätze an, die er nicht mehr bewältigen konnte, knüpfte an
solche, deren Sinn er längst vergessen hatte, doch war der
Gedankengang im großen und ganzen noch zu erraten. Er
ging von der Frage aus, wer denn recht habe, der Staatsanwalt oder der Verteidiger, ob Traps eines der außerordentlichsten Verbrechen des Jahrhunderts begangen habe
oder unschuldig sei. Keiner der beiden Ansichten könne er
so recht beistimmen. Traps sei zwar wirklich dem Verhör
des Staatsanwaltes nicht gewachsen gewesen, wie der
Verteidiger meine, und habe aus diesem Grunde vieles
zugegeben, was sich in dieser Form nicht ereignet hätte,
doch habe er dann wieder gemordet, freilich nicht aus teuf-
lischem Vorsatz, nein, sondern allein dadurch, daß er sich
die Gedankenlosigkeit der Welt zu eigen gemacht habe, in
der er als Generalvertreter des Hephaiston-Kunststoffes nun
einmal lebe. Er habe getötet, weil es ihm das natürlichste
sei, jemanden an die Wand zu drücken, rücksichtslos vorzugehen, geschehe, was da wolle. In der Welt, die er mit
seinem Studebaker durchsause, wäre ihrem lieben Alfredo
nichts geschehen, hätte ihm nichts geschehen können,
doch nun habe er die Freundlichkeit gehabt, zu ihnen zu
kommen in ihre stille weiße Villa [hier wurde nun der
Richter nebelhaft und brachte das Folgende eigentlich nur
noch unter freudigem Schluchzen hervor, unterbrochen
hin und wieder von einem gerührten, gewaltigen Niesen,
wobei sein kleiner Kopf von einem mächtigen Taschen-

tuch umhüllt wurde, was ein immer gewaltigeres Gelächter der übrigen hervorrief], zu vier alten Männern,
die in seine Welt hineingeleuchtet hätten mit dem reinen
Strahl der Gerechtigkeit, die freilich seltsame Züge trage,
er wisse, wisse, wisse es, aus vier verwitterten Gesichtern
grinse, sich im Monokel eines greisen Staatsanwaltes
spiegle, im Zwicker eines dicken Verteidigers, aus dem
zahnlosen Munde eines betrunkenen, schon etwas lallen-
den Richters kichere und auf der Glatze eines abgedankten
Henkers rot aufleuchte [die andern ungeduldig über diese
Dichterei: „Das Urteil, das Urteil!"], die eine groteske,
schrullige, pensionierte Gerechtigkeit sei, aber auch als
solche eben *die* Gerechtigkeit [die andern im Takt: „Das
Urteil, das Urteil!"], in deren Namen er nun ihren besten,
teuersten Alfredo zum Tode verurteile [der Staatsanwalt,
der Verteidiger, der Henker und Simone Hallo und
Juchhei, Traps, nun auch schluchzend vor Rührung:
„Dank, lieber Richter, Dank!"], obgleich juristisch nur
darauf gestützt, daß der Verurteilte sich selbst als schuldig
bekenne. Dies sei schließlich das wichtigste. So freue es ihn
denn, ein Urteil abgegeben zu haben, das der Verurteilte
so restlos anerkenne, die Würde des Menschen verlange
keine Gnade, und freudig nehme denn auch ihr verehrter
Gastfreund die Krönung seines Mordes entgegen, die, wie
er hoffe, unter nicht weniger angenehmen Umständen erfolgt sei als der Mord selber. Was beim Bürger, beim
Durchschnittsmensch[182] als Zufall in Erscheinung trete,
bei einem Unfall, oder als bloße Notwendigkeit der Natur,
als Krankheit, als Verstopfung eines Blutgefäßes durch
einen Embolus,[183] als ein malignes Gewächs, trete hier als
notwendiges, moralisches Resultat auf, erst hier vollende
sich das Leben folgerichtig im Sinne eines Kunstwerkes,
werde die menschliche Tragödie sichtbar, leuchte sie auf,
nehme eine makellose Gestalt an, vollende sich [die

andern: „Schluß! Schluß!"], ja, man dürfe es ruhig aus-
sprechen: Erst im Aktus der Urteilsverkündigung, der aus
dem Angeklagten einen Verurteilten mache, vollziehe sich
der Ritterschlag der Gerechtigkeit, nichts Höheres, Ed-
leres, Größeres könne es geben, als wenn ein Mensch
zum Tode verurteilt werde. Dies sei nun geschehen. Traps,
dieser vielleicht nicht ganz legitime Glückspilz[184] — da im
Grunde nur eine bedingte Todesstrafe[185] zulässig wäre,
von der er aber absehen wolle, um ihrem lieben Freunde
keine Enttäuschung zu bereiten —, kurz, Alfredo sei ihnen
jetzt ebenbürtig und würdig geworden, in ihr Kollegium
als ein Meisterspieler aufgenommen zu werden usw. [die
andern: „Champagner her!"].

Der Abend hatte seinen Höhepunkt erreicht. Der Champagner schäumte, die Heiterkeit der Versammelten war
ungetrübt, schwingend,[186] brüderlich, auch der Verteidiger wieder eingesponnen in das Netz der Sympathie. Die
Kerzen niedergebrannt, einige schon verglommen, draußen die erste Ahnung vom Morgen, von verblassenden
Sternen, fernem Sonnenaufgang, Frische und Tau. Traps
war begeistert, zugleich müde, verlangte nach seinem
Zimmer geführt zu werden, taumelte von einer Brust zur
andern. Man lallte nur noch, man war betrunken, ge-
waltige Räusche füllten den Salon, sinnlose Reden, Mono-
loge, da keiner mehr dem andern zuhörte. Man roch nach
Rotwein und Käse, strich dem Generalvertreter durch die
Haare, liebkoste, küßte den Glücklichen, Müden, der wie
ein Kind war im Kreise von Großvätern und Onkeln. Der
Glatzköpfige, Schweigende brachte ihn nach oben. Müh-
selig ging es die Treppe hoch, auf allen Vieren, in der
Mitte blieben sie stecken, ineinander verwickelt, konnten
nicht mehr weiter, kauerten auf den Stufen. Von oben,
durch ein Fenster, fiel eine steinerne Morgendämmerung,[187]
vermischte sich mit dem Weiß der verputzten Wände,

dazu, von außen, die ersten Geräusche des werdenden
Tages, vom fernen Bahnhöfchen her Pfeifen und andere
Rangiergeräusche als vage Erinnerungen an seine ver-
paßte Heimreise. Traps war glücklich, wunschlos wie noch
nie in seinem Kleinbürgerleben. Blasse Bilder stiegen auf,
ein Knabengesicht, wohl sein Jüngster, den er am meisten
liebte, dann, dämmerhaft, das Dörfchen, in welches er
gelangt war infolge seiner Panne, das lichte Band der
Straße, sich über eine kleine Erhöhung schwingend, der
Bühl mit der Kirche, die mächtige rauschende Eiche mit
den Eisenringen und den Stützen, die bewaldeten Hügel,
endloser leuchtender Himmel dahinter, darüber, überall,
unendlich. Doch da brach der Glatzköpfige zusammen,
murmelte „will schlafen, will schlafen, bin müde, bin
müde", schlief dann auch wirklich ein, hörte nur noch,
wie Traps nach oben kroch, später polterte ein Stuhl, der
Glatzköpfige, Schweigsame wurde wach auf der Treppe,
nur sekundenlang, noch voll von Träumen und Erinnerungen an versunkene Schrecken und Momente voll
Grauens, dann war ein Wirrwarr von Beinen um ihn, den
Schlafenden, denn die andern stiegen die Treppe herauf.
Sie hatten, piepsend und krächzend, auf dem Tisch ein
Pergament mit dem Todesurteil vollgekritzelt, ungemein
rühmend gehalten,[188] mit witzigen Wendungen, mit akademischen Phrasen, Latein und altes Deutsch,[189] dann
waren sie aufgebrochen, das Produkt dem schlafenden
Generalvertreter auf das Bett zu legen, zur angenehmen
Erinnerung an ihren Riesentrunk, wenn er des Morgens
erwache. Draußen die Helligkeit, die Frühe, die ersten
Vogelrufe grell und ungeduldig, und so kamen sie die
Treppe hinauf, trampelten über den Glatzköpfigen, Geborgenen.[190] Einer hielt sich am andern, einer stützte sich
auf den andern, wankend alle drei, nicht ohne Schwierig-
keit, in der Wendung der Treppe besonders, wo Stockung,

G

Rückzug, neues Vorrücken und Scheitern unvermeidlich
war. Endlich standen sie vor der Türe des Gastzimmers.
Der Richter öffnete, doch erstarrte die feierliche Gruppe
auf der Schwelle, der Staatsanwalt mit noch umgebundener Serviette: Im Fensterrahmen hing Traps, unbeweglich, eine dunkle Silhouette vor dem stumpfen Silber
des Himmels, im schweren Duft der Rosen, so endgültig
und so unbedingt,[191] daß der Staatsanwalt, in dessen
Monokel sich der immer mächtigere Morgen spiegelte,
erst nach Luft schnappen mußte, bevor er, ratlos und
traurig über seinen verlorenen Freund, recht schmerzlich
ausrief: „Alfredo, mein guter Alfredo! Was hast Du Dir
denn um Gotteswillen gedacht? Du verteufelst uns ja den
schönsten Herrenabend!"

Der Tunnel

EIN Vierundzwanzigjähriger, fett,[1] damit das Schreckliche hinter den Kulissen, welches er sah (das war seine Fähigkeit,[2] vielleicht seine einzige), nicht allzu nah an ihn herankomme, der es liebte, die Löcher in seinem Fleisch, da doch gerade durch sie das Ungeheuerliche hereinströmen konnte, zu verstopfen, derart, daß er Zigarren rauchte (Ormond Brasil 10)[3] und über seiner Brille eine zweite trug, eine Sonnenbrille, und in den Ohren Wattebüschel:[4] Dieser junge Mann, noch von seinen Eltern abhängig und mit nebulosen Studien auf einer Universität beschäftigt, die in einer zweistündigen Bahnfahrt[5] zu erreichen war, stieg eines Sonntagnachmittags in den gewohnten Zug, Abfahrt siebzehnuhrfünfzig, Ankunft neunzehnuhrsiebenundzwanzig, um anderentags ein Seminar[6] zu besuchen, das zu schwänzen er schon entschlossen war. Die Sonne schien an einem wolkenlosen Himmel, da er seinen Heimatort verließ. Es war Sommer. Der Zug hatte sich bei diesem angenehmen Wetter zwischen den Alpen und dem Jura[7] fortzubewegen, an reichen Dörfern und kleineren Städten vorbei, später an einem Fluß[8] entlang, und tauchte denn auch nach noch nicht ganz zwanzig Minuten Fahrt, gerade nach Burgdorf[9] in einen kleinen Tunnel.[10] Der Zug war überfüllt. Der Vierundzwanzigjährige war vorne eingestiegen und hatte sich mühsam nach hinten durch-

gearbeitet, schwitzend und einen leicht vertrottelten[11]
Eindruck erweckend. Die Reisenden saßen dicht gedrängt,
viele auf Koffern, auch die Coupés[12] der zweiten Klasse
waren besetzt, nur die erste Klasse schwach belegt. Wie
sich der junge Mann endlich durch das Wirrwarr[13] der
Familien, Rekruten, Studenten und Liebespaare ge-
kämpft hatte, bald, vom Zug hin und her geschleudert,
gegen diesen fallend und bald gegen jenen, gegen Bäuche
und Brüste torkelnd, fand er im hintersten Wagen Platz,
so viel sogar, daß er in diesem Abteil der dritten Klasse[14]
— in der es sonst Wagen mit Coupés selten gibt — eine
ganze Bank für sich allein hatte: Im geschlossenen Raume
saß ihm gegenüber einer, noch dicker als er, der mit sich
selbst Schach spielte und in der Ecke der gleichen Bank,
gegen den Korridor zu, ein rothaariges Mädchen, das
einen Roman las. So saß er schon am Fenster und hatte
eben eine Ormond Brasil 10 in Brand gesteckt, als der
Tunnel kam, der ihm länger als sonst zu dauern schien.
Er war diese Strecke schon manchmal gefahren, fast jeden
Samstag und Sonntag seit einem Jahr und hatte den
Tunnel eigentlich gar nie beachtet, sondern immer nur
geahnt. Zwar hatte er ihm einige Male die volle Auf-
merksamkeit schenken wollen, doch hatte er, wenn er
kam, jedes Mal an etwas anderes gedacht, so daß er das
kurze Eintauchen in die Finsternis nicht bemerkte, denn
der Tunnel war eben gerade vorbei, wenn er, entschlossen
ihn zu beachten, aufschaute, so schnell durchfuhr ihn der
Zug und so kurz war der kleine Tunnel. So hatte er denn
auch jetzt die Sonnenbrille nicht abgenommen, als sie
einfuhren, da er nicht an den Tunnel dachte. Die Sonne
hatte eben noch mit voller Kraft geschienen und die
Landschaft, durch die sie fuhren, die Hügel und Wälder,
die fernere Kette des Juras und die Häuser des Städtchens
war wie von Gold gewesen, so sehr hatte alles im Abend-

licht geleuchtet, so sehr, daß ihm die nun schlagartig
einsetzende Dunkelheit des Tunnels bewußt wurde, der
Grund wohl auch, warum ihm die Durchfahrt länger
erschien als er sie sich dachte. Es war völlig finster im
Abteil, da der Kürze des Tunnels wegen die Lichter
nicht in Funktion gesetzt waren, denn jede Sekunde
mußte sich ja in der Scheibe der erste, fahle Schimmer
des Tages zeigen, sich blitzschnell ausweiten und mit
voller, goldener Helle gewaltig hereinbrechen; als es
jedoch immer noch dunkel blieb, nahm er die Sonnenbrille ab. Das Mädchen zündete sich in diesem Augenblick eine Zigarette an, offenbar ärgerlich, daß es im
Roman nicht weiterlesen konnte, wie er im rötlichen Auf-
flammen des Streichholzes zu bemerken glaubte; seine
Armbanduhr mit dem leuchtenden Zifferblatt zeigte
zehn nach sechs. Er lehnte sich in die Ecke zwischen der
Coupéwand und der Scheibe und beschäftigte sich mit
seinen verworrenen Studien, die ihm niemand recht
glaubte, mit dem Seminar, in das er morgen mußte und
in das er nicht gehen würde (alles, was er tat, war nur ein
Vorwand, hinter der Fassade seines Tuns Ordnung zu
erlangen, nicht die Ordnung selber, nur die Ahnung
einer Ordnung, angesichts des Schrecklichen, gegen das
er sich mit Fett polsterte, Zigarren in den Mund steckte,
Wattebüschel in die Ohren), und wie er wieder auf das
Zifferblatt schaute, war es viertel nach sechs und immer
noch der Tunnel. Das verwirrte ihn. Zwar leuchteten nun
die Glühbirnen auf, es wurde hell im Coupé, das rote
Mädchen konnte in seinem Roman weiterlesen und der
dicke Herr spielte wieder mit sich selber Schach, doch
draußen, jenseits der Scheibe, in der sich nun das ganze
Abteil spiegelte, war immer noch der Tunnel. Er trat in
den Korridor, in welchem ein hochgewachsener Mann in
einem hellen Regenmantel auf und ab ging, ein schwarzes

Halstuch umgeschlagen. Wozu auch bei diesem Wetter,
dachte er und schaute in die anderen Coupés dieses
Wagens, wo man Zeitung las und miteinander schwatzte.
Er trat wieder zu seiner Ecke und setzte sich, der Tunnel
mußte nun jeden Augenblick aufhören, jede Sekunde; auf
der Armbanduhr war es nun beinahe zwanzig nach; er
ärgerte sich, den Tunnel vorher so wenig beachtet zu haben,
dauerte er doch nun schon eine Viertelstunde[15] und mußte,
wenn die Geschwindigkeit eingerechnet wurde, mit welcher
der Zug fuhr, ein bedeutender Tunnel sein, einer der läng-
sten Tunnel in der Schweiz. Es war daher wahrscheinlich,
daß er einen falschen Zug genommen hatte, wenn ihm im
Augenblick auch nicht erinnerlich war, daß sich zwanzig
Minuten Bahnfahrt von seinem Heimatort aus ein so
langer und bedeutender Tunnel befand. Er fragte deshalb
den dicken Schachspieler, ob der Zug nach Zürich fahre,
was der bestätigte. Er wüßte gar nicht, daß an dieser
Stelle der Strecke ein so langer Tunnel sei, sagte der junge
Mann, doch der Schachspieler antwortete, etwas ärgerlich, da er in irgendeiner schwierigen Überlegung zum
zweiten Mal unterbrochen wurde, in der Schweiz gebe
es eben viele Tunnel, außerordentlich viele, er reise zwar
zum ersten Mal in diesem Lande, doch falle dies sofort auf,
auch habe er in einem statistischen Jahrbuch gelesen, daß
kein Land so viele Tunnel wie die Schweiz[16] besitze. Er
müsse sich nun entschuldigen, wirklich, es tue ihm
schrecklich leid, da er sich mit einem wichtigen Problem
der Nimzowitsch–Verteidigung[17] beschäftige und nicht
mehr abgelenkt werden dürfe. Der Schachspieler hatte
höflich, aber bestimmt geantwortet; daß von ihm keine
Antwort zu erwarten war, sah der junge Mann ein. Er
war froh, als nun der Schaffner kam. Er war überzeugt,
daß seine Fahrkarte zurückgewiesen werden würde; auch
als der Schaffner, ein blasser, magerer Mann, nervös, wie

es den Eindruck machte, dem Mädchen gegenüber, dem
er zuerst die Fahrkarte abnahm, bemerkte, es müsse in
Olten[18] umsteigen, gab der Vierundzwanzigjährige noch
nicht alle Hoffnung auf, so sehr war er überzeugt, in den
falschen Zug gestiegen zu sein. Er werde wohl nachzahlen
müssen, er sollte nach Zürich, sagte er denn, ohne die
Ormond Brasil 10 aus dem Munde zu nehmen und
reichte dem Schaffner das Billet[19] hin. Der Herr sei im
rechten Zug, antwortete der, wie er die Fahrkarte ge-
prüft hatt. „Aber wir fahren doch durch einen Tunnel!"
rief der junge Mann ärgerlich und recht energisch aus,
entschlossen, nun die verwirrende Situation aufzuklären.
Man sei eben an Herzogenbuchsee[20] vorbeigefahren und
nähere sich Langenthal,[21] sagte der Schaffner. „Es
stimmt, mein Herr, es ist jetzt zwanzig nach sechs." Aber
man fahre seit zwanzig Minuten durch einen Tunnel,
beharrte der junge Mann auf seiner Feststellung. Der
Schaffner sah ihn verständnislos an. „Es ist der Zug nach
Zürich", sagte er, und schaute nun auch nach dem
Fenster. „Zwanzig nach sechs", sagte er wieder, jetzt
etwas beunruhigt, wie es schien, „bald kommt Olten,
Ankunft achtzehnuhrsiebenunddreißig. Es wird schlechtes
Wetter gekommen sein, ganz plötzlich, daher die Nacht,
vielleicht ein Sturm, ja, das wird es sein." „Unsinn",
mischte sich nun der Mann, der sich mit einem Problem
der Nimzowitsch–Verteidigung beschäftigte, ins Gespräch, ärgerlich, weil er immer noch sein Billet hinhielt,
ohne vom Schaffner beachtet zu werden, „Unsinn, wir
fahren durch einen Tunnel. Man kann deutlich den Fels
sehen, Granit wie es scheint. In der Schweiz gibt es am
meisten[22] Tunnel der ganzen Welt. Ich habe es in einem
statistischen Jahrbuch gelesen." Der Schaffner, indem er
endlich die Fahrkarte des Schachspielers entgegennahm,
versicherte aufs neue, fast flehentlich, der Zug fahre nach

Zürich, worauf der Vierundzwanzigjährige den Zugführer[23] verlangte. Der sei vorne im Zug, sagte der Schaffner, im übrigen fahre der Zug nach Zürich, jetzt sei es
sechsuhrfünfundzwanzig und in zwölf Minuten werde er
nach dem Sommerfahrplan in Olten anhalten, er fahre jede
Woche diesen Zug dreimal. Der junge Mann machte sich
auf den Weg. Das Gehen fiel ihm noch schwerer im über-
füllten Zug als vor kurzem, wie er die gleiche Strecke um-
gekehrt gegangen war; der Zug mußte überaus schnell
fahren; auch war das Getöse, das er dabei verursachte,
entsetzlich; so steckte er sich seine Wattebüschel denn
wieder in die Ohren, nachdem er sie beim Betreten
des Zuges entfernt hatte. Die Menschen, an denen er
vorbeikam, verhielten sich ruhig, in nichts unterschied
sich der Zug von anderen Zügen, die er an den Sonntagnachmittagen gefahren war,[24] und niemand fiel ihm
auf, der beunruhigt gewesen wäre. In einem Wagen mit
Zweitklaß–Abteilen[25] stand ein Engländer am Fenster
des Korridors und tippte freudestrahlend mit der Pfeife,
die er rauchte, an die Scheibe. „Simplon",[26] sagte er. Auch
im Speisewagen war alles wie sonst, obwohl kein Platz frei
war, und der Tunnel doch einem der Reisenden oder der
Bedienung, die Wienerschnitzel und Reis servierte, hätte
auffallen können. Den Zugführer, den er an der roten
Tasche erkannte, fand der junge Mann am Ausgang des
Speisewagens. „Sie wünschen?" fragte der Zugführer, der
ein großgewachsener, ruhiger Mann[27] war, mit einem sorgfältig gepflegten schwarzen Schnurrbart und einer rand-
losen Brille. „Wir sind in einem Tunnel, seit fünfundzwan-
zig Minuten", sagte der junge Mann. Der Zugführer
schaute nicht nach dem Fenster, wie der Vierundzwanzigjährige erwartet hatte, sondern wandte sich zum Kellner.
„Geben Sie mir eine Schachtel Ormond 10", sagte er, „ich
rauche die gleiche Sorte wie der Herr da"; doch konnte

ihn der Kellner nicht bedienen, da man diese Zigarre
nicht besaß, so daß denn der junge Mann, froh, einen
Anknüpfungspunkt zu haben, dem Zugführer eine Brasil
anbot. „Danke", sagte er, „ich werde in Olten kaum Zeit
haben, mir eine zu verschaffen, und so tun Sie mir denn
einen großen Gefallen. Rauchen ist wichtig. Darf ich Sie
nun bitten, mir zu folgen?" Er führte den Vierundzwanzigjährigen in den Packwagen,[28] der vor dem
Speisewagen lag. „Dann kommt noch die Maschine",
sagte der Zugführer, wie sie den Raum betraten, „wir
befinden uns an der Spitze des Zuges." Im Packraum
brannte ein schwaches, gelbes Licht, der größte Teil des
Wagens lag im Ungewissen, die Seitentüren waren ver-
schlossen, und nur durch ein kleines vergittertes Fenster
drang die Finsternis des Tunnels. Koffern[29] standen
herum, viele mit Hotelzetteln beklebt, einige Fahrräder
und ein Kinderwagen. Der Zugführer hing[30] seine rote
Tasche an einen Haken. „Was wünschen Sie?" fragte er
aufs neue, schaute jedoch den jungen Mann nicht an,
sondern begann in einem Heft, das er der Tasche ent-
nommen hatte, Tabellen auszufüllen. „Wir befinden uns
seit Burgdorf in einem Tunnel", antwortete der Vierundzwanzigjährige entschlossen, „einen so gewaltigen Tunnel
gibt es auf dieser Strecke nicht, ich fahre sie jede Woche
hin und zurück, ich kenne die Strecke." Der Zugführer
schrieb weiter. „Mein Herr", sagte er endlich und trat
nah an den jungen Mann heran, so nah, daß sich die
beiden Leiber fast berührten, „mein Herr, ich habe
Ihnen wenig zu sagen. Wie wir in diesen Tunnel geraten
sind, weiß ich nicht, ich habe dafür keine Erklärung.
Doch bitte ich Sie zu bedenken: Wir bewegen uns auf
Schienen, der Tunnel muß also irgendwo hinführen.
Nichts beweist, daß am Tunnel etwas nicht in Ordnung
ist, außer natürlich, daß er nicht aufhört." Der Zugführer,

die Ormond Brasil immer noch ohne zu rauchen zwischen den Lippen, hatte überaus leise gesprochen, jedoch mit so großer Würde und so deutlich und bestimmt, daß seine Worte vernehmbar waren, obgleich im Packwagen das Tosen des Zuges um vieles stärker war als im Speisewagen. „Dann bitte ich Sie, den Zug anzuhalten", sagte der junge Mann ungeduldig, „ich verstehe kein Wort von dem, was Sie sagen. Wenn etwas nicht stimmt mit diesem Tunnel, dessen Vorhandensein Sie selbst nicht erklären können, haben Sie den Zug anzuhalten." „Den Zug anhalten?" antwortete der andere langsam, gewiß, daran habe er auch schon gedacht, worauf er das Heft schloß und in die rote Tasche zurücksteckte, die an ihrem Haken hin und her schwankte, dann steckte er die Ormond sorgfältig in Brand. Ob er die Notbremse ziehen solle, fragte der junge Mann und wollte nach dem Haken der Bremse über seinem Kopf greifen, torkelte jedoch im selben Augenblick nach vorne, wo er an die Wand prallte. Ein Kinderwagen rollte auf ihn zu und Koffern rutschten heran; seltsam schwankend kam auch der Zugführer mit vorgestreckten Händen durch den Packraum. „Wir fahren abwärts,"[31] sagte der Zugführer und lehnte sich neben dem Vierundzwanzigjährigen an die Vorderwand des Wagens, doch kam der erwartete Aufprall des rasenden Zuges am Fels nicht, dieses Zerschmettern und Ineinanderschachteln der Wagen, der Tunnel schien vielmehr wieder eben zu verlaufen. Am andern Ende des Wagens öffnete sich die Türe. Im grellen Licht des Speisewagens sah man Menschen, die einander zutranken, dann schloß sich die Türe wieder. „Kommen Sie in die Lokomotive", sagte der Zugführer und schaute dem Vierundzwanzigjährigen nachdenklich und, wie es plötzlich schien, seltsam drohend ins Gesicht, dann schloß er die Türe auf, neben der sie an der Wand lehnten: Mit

solcher Gewalt jedoch schlug ihnen ein sturmartiger,
heißer Luftstrom entgegen, daß sie von der Wucht des
Orkans aufs neue gegen die Wand taumelten; gleichzeitig
erfüllte ein fürchterliches Getöse den Packwagen. „Wir
müssen zur Maschine hinüberklettern", schrie der Zugführer dem jungen Mann ins Ohr, auch so kaum vernehmbar, und verschwand dann im Rechteck der offenen
Türe, durch die man die hellerleuchteten, hin und her
schwankenden Scheiben der Zugmaschine sah. Der
Vierundzwanzigjährige folgte entschlossen, wenn er auch
den Sinn der Kletterei nicht begriff. Die Plattform, die er
betrat, besaß auf beiden Seiten ein Eisengeländer,[32]
woran er sich klammerte, doch war nicht der ungeheure
Luftzug das Entsetzliche, der sich milderte, wie er sich
der Maschine zubewegte, sondern die unmittelbare Nähe
der Tunnelwände, die er zwar nicht sah, da er sich ganz
auf die Maschine konzentrieren mußte, die er jedoch
ahnte, durchzittert vom Stampfen der Räder und vom
Pfeifen der Luft, so daß ihm war, als rase er mit Stern-
geschwindigkeit in eine Welt aus Stein. Der Lokomotive
entlang lief ein schmales Band und darüber als Geländer
eine Stange,[33] die sich in immer gleicher Höhe über dem
Band um die Maschine herumkrümmte: Dies mußte der
Weg sein; den Sprung, den es zu wagen galt, schätzte er
auf einen Meter.[34] So gelang es ihm denn auch, die
Stange zu fassen. Er schob sich, gegen die Lokomotive
gepreßt, dem Band entlang; fürchterlich wurde der Weg
erst, als er auf die Längsseite der Maschine gelangte, nun
voll der Wucht des brüllenden Orkans ausgesetzt und
drohenden Felswänden, die, hell erleuchtet von der
Maschine, heranfegten. Nur der Umstand, daß ihn der
Zugführer durch eine kleine Türe ins Innere der Maschine[35] zog, rettete ihn. Erschöpft lehnte sich der junge
Mann gegen den Maschinenraum, worauf es mit einem

Male still wurde, denn die Stahlwände der riesenhaften Lokomotive dämpften, wie der Zugführer die Türe geschlossen hatte, das Tosen so sehr ab, daß es kaum mehr zu vernehmen war. „Die Ormond Brasil haben wir auch verloren", sagte der Zugführer. „Es war nicht klug, vor der Kletterei eine anzuzünden, aber sie zerbrechen leicht, wenn man keine Schachtel mit sich führt, bei ihrer länglichen Form." Der junge Mann war froh, nach der bedenklichen Nähe der Felswände auf etwas gelenkt zu werden, das ihn an die Alltäglichkeit erinnerte, in der er sich noch vor wenig mehr denn einer halben Stunde befunden hatte, an diese immergleichen Tage und Jahre (immergleich, weil er nur auf diesen Augenblick hinlebte, der nun erreicht war, auf diesen Augenblick des Einbruchs, auf dieses plötzliche Nachlassen der Erdoberfläche, auf den abenteuerlichen Sturz ins Erdinnere). Er holte eine der braunen Schachteln aus der rechten Rocktasche und bot dem Zugführer erneut eine Zigarre an, selber steckte er sich auch eine in den Mund, und vorsichtig nahmen sie Feuer, das der Zugführer bot. „Ich schätze diese Ormond sehr", sagte der Zugführer, „nur muß einer gut ziehen, sonst gehen sie aus", Worte, die den Vierundzwanzigjährigen mißtrauisch machten, weil er spürte, daß der Zugführer auch nicht gern an den Tunnel dachte, der draußen immer noch dauerte (immer noch war die Möglichkeit, er könnte plötzlich aufhören, wie ein Traum mit einem Mal aufzuhören vermag). „Achtzehn Uhr vierzig", sagte er, indem er auf seine Uhr mit dem leuchtenden Zifferblatt schaute, „jetzt sollten wir doch schon in Olten sein", und dachte dabei an die Hügel und Wälder, die doch noch vor kurzem waren, goldüberhäuft in der sinkenden Sonne. So standen sie und rauchten, an die Wand des Maschinenraums gelehnt. „Keller ist mein Name", sagte der Zugführer und zog an seiner Brasil. Der

junge Mann gab nicht nach. „Die Kletterei auf der
Maschine war nicht ungefährlich", bemerkte er, „wenigstens für mich, der ich an dergleichen nicht gewöhnt bin,
und so möchte ich denn wissen, wozu Sie mich herge-
bracht haben." Er wisse es nicht, antwortete Keller, er
habe sich nur Zeit zum Überlegen schaffen wollen. „Zeit
zum Überlegen" wiederholte der Vierundzwanzigjährige.
„Ja" sagte der Zugführer, so sei es, rauchte dann wieder
weiter. Die Maschine schien sich von neuem nach vorne
zu neigen. „Wir können ja in den Führerraum³⁶ gehen"
schlug Keller vor, blieb jedoch immer noch unschlüssig
an der Maschinenwand stehen, worauf der junge Mann
den Korridor entlangschritt. Wie er die Türe zum
Führerraum geöffnet hatte, blieb er stehen. „Leer"
sagte er zum Zugführer, der nun auch herankam, „der
Führerstand ist leer." Sie betraten den Raum, schwankend
durch die ungeheure Geschwindigkeit, mit der die
Maschine, den Zug mit sich reißend, immer weiter in den
Tunnel hineinraste. „Bitte" sagte der Zugführer und
drückte einige Hebel nieder, zog auch die Notbremse.
Die Maschine gehorchte nicht. Sie hätten alles getan,³⁷
sie anzuhalten, gleich als sie die Änderung in der Strecke
bemerkt hätten, versicherte Keller, doch sei die Maschine
immer weitergerast. „Sie wird immer weiterrasen"
antwortete der Vierundzwanzigjährige und wies auf den
Geschwindigkeitsmesser. „Hundertfünfzig.³⁸ Ist die Maschine je Hundertfünfzig gefahren?" „Mein Gott" sagte
der Zugführer, „so schnell ist sie nie gefahren, höchstens
Hundertfünf." „Eben"³⁹ sagte der junge Mann. „Ihre
Schnelligkeit nimmt zu. Jetzt zeigt der Messer Hundert-
achtundfünfzig. Wir fallen." Er trat an die Scheibe, doch
konnte er sich nicht aufrechterhalten, sondern wurde mit
dem Gesicht an die Glaswand gepreßt, so abenteuerlich
war nun die Geschwindigkeit. „Der Lokomotivführer?"

schrie er und starrte nach den Felsmassen, die in das grelle
Licht der Scheinwerfer hinaufstürzten, ihm entgegen, die
auf ihn zurasten, und über ihm, unter ihm und zu beiden
Seiten des Führerraums verschwanden. „Abgesprungen"
schrie Keller zurück, der nun mit dem Rücken gegen das
Schaltbrett gelehnt auf dem Boden saß. „Wann?" fragte
der Vierundzwanzigjährige hartnäckig. Der Zugführer
zögerte ein wenig und mußte sich seine Ormond aufs neue
anzünden, die Beine, da sich der Zug immer stärker neig-
te, in der gleichen Höhe wie sein Kopf. „Schon nach fünf
Minuten" sagte er dann. „Es war sinnlos, noch eine Ret-
tung zu versuchen. Der im Packraum[40] ist auch abgesprungen." „Und Sie" fragte der Vierundzwanzigjährige. „Ich bin der Zugführer" antwortete der andere,
„auch habe ich immer ohne Hoffnung gelebt." „Ohne
Hoffnung" wiederholte der junge Mann, der nun geborgen auf der Glasscheibe des Führerstandes lag, das
Gesicht über den Abgrund gepreßt. „Da saßen wir noch
in unseren Abteilen und wußten nicht, daß schon alles
verloren war" dachte er. „Noch hatte sich nichts ver-
ändert, wie es uns schien, doch schon hatte uns der
Schacht[41] nach der Tiefe zu aufgenommen, und so rasen
wir denn wie die Rotte Korah[42] in unseren Abgrund."
Er müsse nun zurück, schrie der Zugführer, „in den
Wagen wird die Panik ausgebrochen sein. Alles wird sich
nach hinten drängen." „Gewiß" antwortete der Vierundzwanzigjährige und dachte an den dicken Schachspieler
und an das Mädchen mit seinem Roman und dem roten
Haar. Er reichte dem Zugführer seine übrigen Schachteln
Ormond Brasil 10. „Nehmen Sie" sagte er, „Sie werden
Ihre Brasil beim Hinüberklettern doch wieder verlieren."
Ob er denn nicht zurückkomme, fragte der Zugführer,
der sich aufgerichtet hatte und mühsam den Trichter[41]
des Korridors hinaufzukriechen begann. Der junge Mann

sah nach den sinnlosen Instrumenten, nach diesen
lächerlichen Hebeln und Schaltern, die ihn im gleißenden
Licht der Kabine silbern umgaben. „Zweihundertzehn"
sagte er. „Ich glaube nicht, daß Sie es bei dieser Geschwindigkeit schaffen, hinaufzukommen in die Wagen
über uns." „Es ist meine Pflicht" schrie der Zugführer.
„Gewiß" antwortete der Vierundzwanzigjährige, ohne
seinen Kopf nach dem sinnlosen Unternehmen des Zug-
führers zu wenden. „Ich muß es wenigstens versuchen"
schrie der Zugführer noch einmal, nun schon weit oben
im Korridor, sich mit Ellbogen und Schenkeln gegen die
Metallwände stemmend, doch wie sich die Maschine
weiterhinabsenkte, um nun in fürchterlichem Sturz dem
Innern der Erde entgegenzurasen, diesem Ziel aller
Dinge zu, so daß der Zugführer in seinem Schacht
direkt über dem Vierundzwanzigjährigen hing, der am
Grunde der Maschine auf dem silbernen Fenster des
Führerraumes lag, das Gesicht nach unten, ließ seine
Kraft nach. Der Zugführer stürzte auf das Schaltbrett
und kam blutüberströmt neben den jungen Mann zu
liegen, dessen Schultern er umklammerte. „Was sollen
wir tun?" schrie der Zugführer durch das Tosen der
ihnen entgegenschnellenden Tunnelwände hindurch dem
Vierundzwanzigjährigen ins Ohr, der mit seinem fetten
Leib, der jetzt nutzlos war, und nicht mehr schützte,
unbeweglich auf der ihn vom Abgrund trennenden
Scheibe ruhte, und durch sie hindurch den Abgrund
gierig in seine nun zum ersten Mal weit geöffneten Augen
sog. „Was sollen wir tun?" „Nichts" antwortete der
andere unbarmherzig, ohne sein Gesicht vom tödlichen
Schauspiel abzuwenden, doch nicht ohne eine gespensterhafte Heiterkeit, von Glassplittern übersät, die von
der zerbrochenen Schalttafel herstammten, während
zwei Wattebüschel, durch irgendeinen Luftzug ergriffen,

der nun plötzlich hereindrang (in der Scheibe zeigte sich ein erster Spalt) pfeilschnell nach oben in den Schacht über ihnen fegten. „Nichts. Gott ließ uns fallen und so stürzen wir denn auf ihn zu."

NOTES

Die Panne

1. *ungünstige Marktlage:* all along disillusioning terms are used with regard to literary productions; so here from commercial life: 'unfavourable market trends'.

2. *die Tageszeitung unter dem Strich:* a reference to the continental custom in daily papers of having a line drawn across the bottom section of the page and devoting the space 'below the line' to a contribution of a literary or artistic nature: this 'feuilleton' covers at least $\frac{1}{6}$ and more often between $\frac{1}{4}$ and $\frac{1}{3}$ of one or two of the first three pages.

3. *sozialerweise schon von einem Franken an:* A jocular and perhaps sarcastic comment on the fact that as a kind of welfare service in response to the culture-hungry but possibly not so wealthy public, the demand for 'soul' has to be met in anything costing even as little as one Swiss Franc.

4. *Moralien:* not the plural of 'die Moral', but, by analogy with plurals like 'Materialien', an unusual variant of what at an earlier date would have been known by its Latin form 'Moralia': 'things with ethical values'.

5. *gängige Verzweiflung:* 'gängig': 'what is in vogue', 'what is the order of the day', 'saleable'; a sarcastic reference to the frequency of despair in modern literature—and life.

6. *in je nach Fall dosiertem Verhältnis:* this time medical terminology is humorously used: the 'dose', i.e. the relative amount of the conscious and subconscious varying from case to case.

7. *appetitlicherweise:* 'so as not to disgust or violate good taste'.

8. *das Gerüst . . ., in welchem wir pendeln:* the structure of the universe, within which we, on this globe, dangle as it were suspended in mid-air (or mid-void).

9. *die Illustrierte:* a general term for 'illustrated weekly' as well as the actual name for one published in Switzerland; all the others mentioned are also illustrated weeklies from various parts of the

H

world: *Life* (U.S.A.), *Match* (France), *Quick* (Germany), *Sie und Er* (Switzerland).

10. *der Präsident unter dem Sauerstoffzelt:* General Dwight Eisenhower, President of the U.S.A., 1953–61, had a heart attack in September 1955, necessitating the use of an oxygen tent.

11. *Onkel Bulganin:* the avuncular figure of Marshal Nikolai Bulganin as the official head of the Soviet government helped to steady the Krushchev régime during its earliest period between 1955 and 1958.

12. *die Prinzessin mit ihrem Tausendsassa von Flugkapitän:* after prolonged indecision Princess Margaret finally in October 1955 decided against marrying the divorced Group Captain Peter Townsend. Continental weeklies showed an insatiable morbid interest in this matter.

    'Tausendsassa' (normally spelt 'Tausendsasa', but reflecting the usual pronunciation better in Dürrenmatt's spelling): 'devil of a fellow'.

13. *Konjunktur:* 'the condition of the business market'; colloquially often used in place of 'Hochkonjunktur', 'boom'—the same word, as not infrequently in German, expressing the indifferent and one extreme sense (cf. 'Gesundheit': 'health' and 'good health'; 'Alter': 'age' and 'old age'; 'Wetter': 'weather' and 'storm', 'bad weather').

14. *Dinge und Undinge:* a witty combination to express 'things good and bad'.

15. *Abspulen der Notwendigkeiten:* a reference to the 'thread of life' being 'reeled off' by the Fates in ancient mythology.

16. *Taster:* 'key' as used in telegraphy, or any similar device (key, knob, button) establishing an electric contact, i.e. what is meant by a 'button' in the phrase 'pressing the button'.

17. *wie in der fünften Symphonie:* Beethoven's Fifth Symphony, particularly the recurrent main theme of the first movement, has been likened to the knocking of fate; during the Second World War its first four notes, which happen to correspond to the Morse code for 'V' in their rhythm, became (and still are) the signature tune for the BBC broadcasts to Europe.

18. *Brutmaschinen:* this may just refer to ordinary incubators, but possibly there was at the back of the author's mind an idea (such as in Aldous Huxley's *Brave New World*) of incubators 'hatching' human embryos.

19. *Welt der Pannen:* see Introduction, p. 24 f.

20. *Ballyschuhe:* the well-known Swiss make of shoes.

21. *Ice-crème:* the English–French hybrid is an odd juxtaposition; the normal form is 'Eiscreme', with only one foreign part.

22. *der Verunfallten:* 'der Verunfallte' is beginning to be used in officialese as an alternative to 'der Verunglückte', particularly in Switzerland and Austria, but is frowned upon as an ugly neologism; Dürrenmatt is probably making fun of it.

23. *vielleicht auch Gnade:* there are critics (e.g. Fritz Buri, 'Der Einfall der Gnade in Dürrenmatt's dramatischem Werk' in *Der unbequeme Dürrenmatt*, see Bibliography; and Donald Daviau, 'Justice in the works of Dürrenmatt', *Kentucky Foreign Language Quarterly*, IX, p. 181 ff.) who tend to accord grace and mercy an almost central position in Dürrenmatt's work, but there seems little room for it in his philosophy except as one of the many possible manifestations of chance—as indeed it is here.

24. *Alfredo Traps:* the hero's surname causes no immediate reaction as to its possible meaning: the verb 'trap(p)sen' ('to tread heavily') is rare, but it may be intended to suggest his early career as a hawker; 'tapsig' ('clumsy') as a second and secondary association would reflect his ultimate clumsiness (in spite of all his shrewdness) in his dealings in life; otherwise the humorous oddity of the name may have been reason enough for its choice.
    The italianized form of the Christian name may be intended to make him appear more of a would-be man of the world.

25. *Textilbranche:* 'Branche' (semi-French pronunciation, with the -e sounded) either means a 'business branch' or (as here) a 'line in business'.

26. *eine gewisse Dressur verratend:* like a trained circus animal, i.e. with a certain slick polish.

27. *Ortsgöttern:* a reference to the pagan belief in 'genii loci' (the Roman 'Lares') in whose power one was believed to be.

28. *Bühl:* 'der Büh(e)l': rare South German for 'hill', 'hillock'.

29. *die Misthaufen vor den Bauernhäusern:* in parts of Germany and Switzerland the dung-heaps are in front of the houses, as a sign of social status and prosperity: the grander the better.

30. *Pinten:* 'die Pinte' is Swiss for 'die Schenke': 'public house', 'tavern', 'inn'; etymologically the same as English 'pint', it owes its meaning to the inn-sign of a jug (as a measure); cf. North German 'Krug' for 'inn' (which has, however, no etymological connection with 'Krug', 'jug').

31. *Großbiestringen:* the name is invented and may have been inspired by Biestingen [*sic*], the German for Boécourt, a small village in the district of Delémont (German Delsberg) in the

canton of Berne, on the northern slopes of the Jura mountains (not far from either of Dürrenmatt's two homes since 1948, see Introduction, p. 2).

32. *Brissago:* a Swiss cigar some 8 in. long, not unlike the 'Virginia' cigar made in Austria; named after a small tobacco-growing village (and little island) on the north-western shore of Lago Maggiore, just inside Switzerland.

33. *der Föhn:* see note 161.

34. *tat er erfreut:* 'acted as if he was pleased', 'pretended to be pleased'.

35. *Hodler:* Franz Hodler (1853–1918) was the most important Swiss painter at the turn of the century; he is known for the 'parallelism' of his style, which has a tendency towards the monumental and helped to evolve Expressionism in art.

36. *Rotacher AG.:* 'Rotacher Aktiengesellschaft', 'Rotach Co. Ltd.': again an invented name, possibly inspired by the names of a little river and village in Dürrenmatt's part of the country.

37. *Wildholz:* the man with whom Traps has just had business dealings; of no significance in the story.

38. *den Hals umdrehen:* 'wring his neck'. In the *Hörspiel*, which begins and ends with Traps's ruminations about his business dealings with Wildholz, this phrase ends the play.

39. *Hotel Touring:* named after the 'Touring Club der Schweiz', the Swiss equivalent of the A.A. or R.A.C.; it is a very popular name for hotels, even in quite small places.

40. *Hotzendorff:* this should read Holtzendorff: Franz von Holtzendorff (1829–89) is best known as editor of the *Encyclopädie der Rechtswissenschaft* (from 1873 on); in 1875 he published *Die Psychologie des Mordes*, and also *Das Verbrechen des Mordes und die Todesstrafe* mentioned here.

41. *Savigny:* Friedrich Karl von Savigny (1779–1861), well-known jurist and Prussian statesman of the Romantic period, author of several important works, among them the *System des heutigen römischen Rechts* in 8 vols (1840–49).

42. *Ernst David Hölle:* this is one of Dürrenmatt's humorous inventions, a successful hoax, well camouflaged by the two preceding genuine references and also by the addition of the Christian names, for greater verisimilitude.

43. *Studierter:* a term of slight contempt for one with a higher (particularly university) education.

44. *Gehrock:* 'frock-coat', the full knee-length predecessor of the cut-away morning coat.

45. *Vorstellerei: -erei* is a convenient suffix to give nouns derived from verbs a derogatory meaning: 'all that introducing all round'.

46. *verlotterter:* 'verlottert' does not mean 'dissipated' or 'dissolute' here, but merely 'thoroughly neglected'—like 'verwahrlost' just before.

47. *wie aus speckigen Wülsten zusammengesetzt:* 'bulging with spare tyres'.

48. *Schmisse:* scars on the face from fencing, the greatly desired and admired relics of sabre fights ('Mensuren'), of which every member of a 'Burschenschaft' or 'schlagende Verbindung' (the duelling fraternities at universities in German-speaking countries) has to fight a certain number to prove his prowess.

49. *schlohweiße:* 'snow-white', used of hair; not connected with 'Schlehe', a 'sloe' (or its blossom), but with 'Schloße', a 'hail-stone'.

50. *Campari:* a Vermouth type apéritif (like bitter Cinzano or Martini, but red in colour) very popular in Switzerland.

51. *der Prozeß Dreyfus:* in 1894 the French Army Captain Alfred Dreyfus (1859–1935), a Jew, was wrongly sentenced for treason; in 1897 Zola's famous open letter 'J'accuse' led to a revision of the verdict, but he was not fully acquitted and exonerated till 1906.

52. *der Reichstagsbrand:* the burning down of the German *Reichstag* building on 27 February 1933 was for a long time believed to have been instigated by the Nazis themselves; so the trial staged by them would have been a gross miscarriage of justice for political reasons (as which it obviously figures in our context). Recent research, however (cf. Fritz Tobias, *The Reichstag Fire, Legend and Truth*, Secker and Warburg, 1963), suggests that the only man sentenced and executed (all the other accused were acquitted), may really have caused the fire.

53. *Friedrich der Große für unzurechnungsfähig erklärt:* there never was any suggestion of Frederick the Great (King of Prussia 1740–86) being declared 'non compos mentis', i.e. certified insane; so this is one of their pure inventions: an imaginary and not a historical case.

54. *spielt Ihr:* one would often use the informal 'ihr' in addressing a whole company where one would not use 'du' towards an individual member of it; 'duzen' is still much rarer than using Christian names in German (cf. note 122).

55. *Zuchthaus:* continental legal systems largely distinguish between various types of punishment according to the severity of the offence. Swiss law has three degrees: 'Zuchthaus' for the severest, 'Gefängnis' for lesser, and 'Haft' for slight breaches of the law. The difference in practice only lies in the term of imprisonment and in the degree of social and public disapprobation.

56. *Ehrensache:* it is a matter of principle and point of honour for them to be as severe as in a real court trial.

57. *der Posten eines Angeklagten:* jocular reference to the 'post' or 'job' of the accused being vacant, as Traps (below) calls it 'den verwaisten Posten', the 'orphaned', i.e. unfilled job.

58. *handfesten Späßen:* not so much 'practical' jokes, nor doubtful ones, but forceful jokes expressed in rough and blunt rather than crude and coarse terms.

59. *den Porto:* 'der Porto' (so called after Porto or Oporto, the city in Portugal, and not to be confused with 'das Porto', 'postage fee') has partly, particularly in the south, replaced 'Portwein' for 'port wine'.

60. *stieß . . . an:* a frequent continental habit when toasting is not just to raise one's glass, but to clink glasses.

61. *Raubmord:* although the compound term no longer figures as such in the Swiss penal code, the substance of the crime is clearly understood as 'murder with intent to rob'.

62. *Schreiben Sie sich's hinter die Ohren:* 'make a careful mental note of it'.

63. *Unschuld hin oder her:* 'never mind innocence', 'innocence or no innocence'.

64. *Aufschnitt:* 'kalter Aufschnitt': slices of cold meat, ham, and continental sausage (such as salami); very popular for cold meals or hors d'œuvres.

65. *russische Eier:* strictly speaking 'eggs with caviar': halved cold hard-boiled eggs stuffed with caviar (or some substitute) and covered with mayonnaise, served with salad.

66. *Brot in die Suppe brockte:* putting (or dipping) bread or rolls into one's soup or coffee is still not uncommon on the continent, particularly among older people, although one would not display this habit in company.

67. *'Nur zu':* 'fire away'.

68. *einen leichten spritzigen Neuchâteller:* the German for Neuchâtel (the city in French-speaking Switzerland which is now Dürren-

matt's home, see p. 2) is Neuenburg; its wine, however, is mostly called Neuchâteller; it is a white wine coming nearest to Moselle wine.

'spritzig', a term applicable to most Moselle wines, implies a light and dry kind, with just a suggestion of some slight effervescence.

69. *Generalvertreter:* 'exclusive sales agent over a whole area'; we learn (p. 52) that he has the exclusive selling rights of his article for the whole of Europe except Spain and the Balkans.

70. *Extramodell:* 'coach-built'.

71. *Beef-Steak Tartar:* or 'Beefsteak à la tatare' is raw minced steak with raw egg-yolk and various condiments.

72. *Schlaraffia:* a club that originated in Prague in 1859, and has since spread not only to German-speaking countries, but also to the rest of the world. Its members cultivate humour and the arts and wear medieval costume. The name is taken from the story of Cockaigne (Schlaraffenland).

73. *Marquis de Casanova:* Giacomo Girolamo Casanova, self-styled Chevalier de Seingalt, the famous Italian gambler, adventurer and lover (1725–98).

74. *verknurren:* 'knurren': slang 'to be inside'; thus 'verknurren' (trans.): 'to sentence to a spell in jail', 'to send up for a stretch'.

75. *gesalzen und gepfeffert:* 'well-spiced', 'spicy'.

76. *'Pupille!':* a special toast at which the participants intently gaze into each other's eyes (rare).

77. *in der Ferne die Vorberge und einige Gletscher:* this (like the earlier mention of the *Föhn*, p. 41) puts the scene in the lower-lying parts of northern or western Switzerland.

78. *Engels:* Friedrich Engels (1820–95), the friend and collaborator of Karl Marx (1818–83), with whom he published the *Communist Manifesto* in 1848.

79. *Primarschule:* the Swiss term for 'elementary school', for children up to the age of about ten.

80. *Réserve des Maréchaux:* one of the author's inventions.

81. *tippeln:* here 'to tramp'.

82. *'Hephaiston':* obviously invented by analogy with the names of other synthetic materials (see further down, p. 53) to get in the joke about Hephaistos. The use of the feminine form and inverted commas at its first mention here suggests the firm he represents, bearing the name of the material it manufactures; the material itself we should expect to be neuter like the other

synthetic materials (although the host on p. 52 calls it *der* Hephaiston—but then he is preoccupied with the god Hephaistos).

83. *Hephaistos:* the Greek God of Fire (*Lat.* Vulcan). The story to which the judge alludes here, that of the adultery of his wife Aphrodite (*Lat.* Venus) with Ares (*Lat.* Mars), has its implication with regard to Traps's life and character.

84. *das hohe Gericht:* not 'High Court', but merely an expression of deference using the third person as a less personal address; also (see p. 63) the rendering in indirect speech of the direct address (which is used in the *Hörspiel*) 'Hohes Gericht': 'My Lord', 'Your Lordships'.

85. *Kalbsnierenbraten:* the joint of veal containing the kidney, 'roast loin of veal'.

86. *Gygax:* unusual as it may sound, this name is by no means uncommon in Switzerland.

87. *wie du mir, so ich dir:* an old proverbial saying: 'claw me and I'll claw thee'.

88. *Pichon-Longueville:* this and the two wines coming later (pp. 62 and 65) are all very good clarets, red Bordeaux wines (cf. 'Bordeaux', p. 46, and 'Rotwein', p. 88).

89. *Luft schnappen:* as distinct from '*nach* Luft schnappen' ('to gasp for breath') this is colloquial for 'to get a breath of fresh air'.

90. *Hähnchen:* 'cockerel', roast chicken or possibly also chicken fried in breadcrumbs: the 'Güggeli' one finds announced in Swiss restaurants.

91. *Gesundheits-Spaziergänglein:* 'a little constitutional'.

92. *Parisiennes:* a Swiss brand of cigarettes not unlike 'Gauloises' in France.

93. *Jux:* 'great fun'.

94. *Handharmonikaklänge:* 'Handharmonika' is a more elaborate term for 'Harmonika' or 'Ziehharmonika': 'concertina', 'accordion', to distinguish it from 'Mundharmonika' ('mouthorgan').

95. *Alphorn:* an enormous primitive wood-wind instrument played in Alpine districts, a 4- to 5-ft long conical tube, widening (and sometimes bending) at the bottom end.

96. *die Todesstrafe ist ja abgeschafft:* the new Swiss penal code, the 'eidgenössisches Strafgesetz' (which was adopted by parliament on 21 December 1937, approved by plebiscite on 3 July 1938 and came into force on 1 January 1942) finally abolished the

death penalty for the whole country (retained until then in a few cantons).

97. *Henker:* Pilet's name may assume an appropriately sinister significance if one thinks of its very likely connection with the French verb 'piler' ('to crush').

98. *im Nachbarlande:* all the countries bordering on Switzerland still had the death penalty at the time in question (the earlier decades of this century).

99. *von Format:* 'of some quality and standing'.

100. *Viertausender:* mountain of 4000 m. (13,000 ft) or over, not uncommon in the Swiss Alps.

101. *weder geziert noch gezaudert:* 'geziert' in this context does not come from 'zieren' ('to adorn'), but 'sich zieren' ('to behave affectedly or coyly'); the p.p. as quite often is used as a peremptory imperative.

102. *Es ist mir . . . fast wirblig geworden:* 'I almost felt giddy'.

103. *Château Pavie:* see notes 88 and 117.

104. *Dialekt:* '(local) accent'.

105. *Herzinfarkt:* a recent term, formerly loosely called 'Herzschlag' ('apoplexy'): 'cardiac infarct', or what is better known as a 'heart attack'.

106. *prostete . . . zu:* '(zu)prosten': 'to toast', to say 'Pros(i)t'.

107. *habe er was gehabt:* 'he had had an affair'.

108. *dolus* (and further on *'dolo malo!'*): see note 166.

109. *Brie:* popular French cheese from a district east of Paris.

110. *Emmentaler:* best known Swiss cheese from the valley of the river Emme, east of the city of Berne.

111. *Gruyère* (German 'Greyerzer'): less well-known Swiss cheese from the district of La Gruyère (Greyerzer Land) in the canton of Fribourg (Freiburg) north-east of Lake Geneva.
    What is known in England as Gruyère is Emmentaler: the name has been erroneously transferred, obviously because both have 'holes', which however are smaller in the genuine Gruyère.

112. *Tête de Moine:* Swiss cheese from Bellelay, a monastery (hence the name) in the Swiss Jura (Canton Berne): Bellelay cheese.

113. *Vacherin:* Swiss cheese from the vallée de Joux in the canton of Vaud (Waadt) in the south-western corner of Switzerland north of Lake Geneva.

114. *Limburger:* one of the most popular German cheeses, from Limburg an der Lahn, north of Frankfurt.

115. *Handorgelklänge:* 'Handorgel' normally the same as 'Drehorgel' ('barrel-organ'), here, however, identical with the 'Handharmonika' mentioned before (see note 94): Swiss colloquial usage.

116. *'Heißt ein Haus zum Schweizerdegen':* first line of 'Schweizerdegen', a poem by Gottfried Keller, written as 'Tischlied am Jahresfest der schweizerischen Militärgesellschaft 1857' and set to music by Wilhelm Baumgartner (1820–67) whose main reputation rests on his music for another 'Festlied' by Keller, 'An das Vaterland' ('O mein Heimatland! . . .'), virtually Switzerland's second national anthem.

117. *Château Margaux:* see note 88. This is the best wine mentioned. The wines increase in quality as the evening proceeds.

118. *Zapfen:* normally used for the plug of a barrel, whereas a 'cork' is 'Stöpsel', 'Pfropfen' or 'Kork'; in Swiss usage however it is the regular word for a 'cork', too.

119. *Jahrzahl:* the normal term is 'Jahreszahl'.

120. *verlieren Sie nur nicht den Kopf dabei:* a neatly apposite figure of speech.

121. *zum Kugeln:* colloquial: 'killingly funny', 'killing'.

122. *Verbrüderung:* since it is still comparatively rare for people to arrive at saying 'du' to each other ('duzen', cf. note 54), that stage in a relationship is often marked by the solemn act of 'Bruderschaft trinken'.

123. *fugenlose:* connected with 'Fuge', a visible 'joint' or 'join'; thus 'fugenlos': 'not showing any joins', i.e. much the same as 'makellos', 'tadellos' ('flawless').

124. *verrunzelten:* 'verrunzelt' is the same as 'runzlig': 'wrinkled', 'wrinkly'.

125. *Menu:* frequent Swiss spelling for 'Menü' (see p. 53): 'bill of fare'; more common for 'set meal' ('table d'hôte').

126. *wollte er sich nicht ausstechen lassen:* 'did not want to be outdone'.

127. *'Unser Leben gleicht der Reise . . .':* the beginning of the so-called 'Beresinalied', supposedly sung to a folk-tune before the battle of the Beresina in 1812 by Swiss officers, as recorded by one of them, Thomas Legler.

128. *ausgerechnet ich?:* 'I, of all people?'.

129. *Kraftmeier:* colloquial for 'Kraftmensch': 'he-man', 'healthy, conceited athlete'.

130. *mit allen Wassern gewaschen:* 'well up in all the tricks of the trade'.

131. *Frauenzimmerchen:* 'Frauenzimmer', now as a rule derogatory, has retained its old positive sense in Alemannic (Swiss and S.W. German) usage.

132. *Mannsbild:* corresponds to 'Frauenzimmer' or the even stronger 'Weibsbild', although the degree of contempt is less serious and more good-humoured.

133. *homerisches Gelächter:* 'Homeric laughter', the unchecked laughter of the gods in Homer's epics.

134. *Patent:* an alternative to 'Bewilligung' ('licence') widely used in Switzerland; thus in many parts (e.g. Zurich and Berne) 'Hausierpatent' is in official use for 'hawking licence'.

135. *mit illegitimer Textilware, ein kleiner Schwarzhändler:* in addition to having no licence he had also been trading on the black market in textiles (which during the Second World War were rationed in Switzerland).

136. *Das war leichter beschlossen als getan:* inspired by the proverbial 'leichter gesagt als getan'.

137. *auf neue Bindungen:* not 'in view of new connections' (which Traps would establish): the word for 'business connections' would rather be '(Geschäfts)*ver*bindungen'; also the rest of the sentence ('wußte *ihn* immer unbarmherziger zu fesseln') points to the correct interpretation 'in view of new obligations' (which Traps had to take upon himself).

138. *wie ich in die Zange genommen wurde:* 'how the screw was put on me'.

139. *ganz saubere Wäsche hat ja keiner:* 'nobody is quite without blame or blemish' ('without some skeleton in his cupboard'): from the proverbial 'öffentlich seine schmutzige Wäsche waschen' ('to wash one's dirty linen in public').

140. *mit Frau und Kind:* for the more usual 'mit Weib und Kind', with 'Kind' (really the archaic unchanged plural) assuming a collective sense.

141. *Leuchtreklamen:* a variant preferred in Switzerland to the otherwise more common 'Lichtreklamen'.

142. *Villenviertel:* the best and most distinguished residential part of a town, usually on the outskirts.

143. *Stoffmuster:* 'samples of materials'.

144. *Trottoirrand:* in the south quite often alternatives of French origin are preferred: thus 'Plafond' for 'Decke', or 'Trottoir' for (old-fashioned) 'Bürgersteig'; even the modern 'Gehsteig' or 'Fußweg' find it hard to establish themselves in those parts.

145. *Bademantel:* not a 'dressing-gown' (*Amer.* 'bath-robe'), but a 'bath-gown' or 'beach-wrap', made of towelling ('Frottierstoff').

146. *ansetzen:* here best: 'hook in', 'begin'.

147. *währschaft:* an exclusively Swiss word, expressing a highly treasured Swiss quality: derived from 'währen' ('to last'), it means 'dauerhaft', 'echt', 'bieder', 'solide'. At some point an adjective 'währhaft' must have become confused with the noun 'Währschaft', the latter replacing the former.

148. *Rathauskeller:* in many towns the restaurant or at least wine-tavern in the original cellar of the town hall is a popular meeting-place.
    The prosecutor's correction as to the person in charge of the 'Rathauskeller' ('Wirt' or 'Wirtin') once more provides fictitious authenticity.

149. *'Laßt den Sonnenschein herein':* the chorus of a hymn used by the Salvation Army, 'Let the Sunshine in', beginning 'Fürchtest du, daß dich besiegt der Feinde Heer?'; the English is 'Do you fear the foe will in the conflict win?', with the chorus 'Let the blessed sunshine in', text by Ada Blenkhorn, music by Charles Homer Gabriel (1856–1932).

150. *schlagflüssig:* 'apoplectic', 'liable to have a stroke'.

151. *hinüber:* 'into the other world'.

152. *Nippsachen:* 'bric-à-brac', characteristic of an overloaded Victorian or Edwardian drawing-room.

153. *Rütlischwur:* the legendary scene at which men from the three 'Urkantone', Uri, Schwyz, and Unterwalden (Nidwalden) are supposed to have solemnly sworn unity at a meeting on the Rütli (a mountain pasture right in the middle of the three cantons), thus laying the foundation for the present 'Swiss Federation', the 'Schweizerische Eidgenossenschaft' (the name preserving the legend of the oath); the historical 'Bundesbrief' of 1291 clearly refers to such an earlier alliance which must have been concluded some time between 1240 and 1273.
    In Schiller's *Wilhelm Tell* the 'Rütlischwur' is portrayed in Act II Scene 2, culminating in the oath vv. 1448 ff.:
        'Wir wollen sein ein einzig Volk von Brüdern,
        In keiner Not uns trennen und Gefahr, . . .'

154. *Schlacht bei Laupen* (in Canton Berne): a battle in which on 21 June 1339 the people of Berne defeated the nobles of western Switzerland and Burgundy.

155. *Untergang der Schweizergarde:* in the attack on the Tuileries in 1792 the Swiss Guards defending the French king died to a man. The

Swiss are very proud of this feat of loyalty, which is commemor-
ated in the monument of the 'Dying Lion' at Lucerne (erected
in 1821) by the Danish sculptor Bertel Thorvaldsen (1768–1844).

156. *das Fähnlein der sieben Aufrechten:* the fourth of Gottfried Keller's
Züricher Novellen; based on various historical events of the
troubled eighteen-forties and on people Keller had known himself, it centres round the first Aarau 'Schützenfest' after the new
constitution of 1848: thus the subject-matter of this fourth
picture, too, though fictional in detail, is historical in essence.

157. *'Wohl dem, der den Weg des Gerechten wandelt':* biblical, cf. Ps. i, 1,
'Wohl dem, der nicht wandelt im Rat der Gottlosen', Ps. cxix,
1, 'Wohl denen, die ohne Tadel leben, die im Gesetz des Herrn
wandeln' and Ps. cxxviii, 1, 'Wohl dem, der den Herrn fürchtet,
und auf seinen Wegen geht'.

158. *'Ein gutes Gewissen ist das beste Ruhekissen':* the traditional form of
this proverb is 'Ein gut Gewissen ist ein sanftes Ruhekissen':
'A clear conscience makes a soft pillow'.

159. *saubere:* here ironical: 'nice', 'fine'.

160. *bildlich:* normally meaning 'metaphorical', but here also intended in its original sense 'pictorial'. Traps's feeble pun is:
since a kimono, the type of dressing-gown modelled on Japanese
dress, is made of material with flower patterns, her cordial
invitation is 'flowery', 'pictorial'.

161. *während eines Föhnsturms: Föhn,* a very enervating warm wind
prevalent in some valleys in the northern parts of the Alps, not
only frequently brings on headaches and migraine, but also has
a bad effect on people suffering from circulatory disorders.

162. *Herzriß:* 'rupture of the heart wall', often the last, fatal stage,
when the muscle of the heart wall, weakened and gradually
disintegrating as a result of afflictions such as coronary throm-
bosis, finally gives way.

163. *Abgang:* a direct translation of the Latin 'exitus', still used in
German medical terminology; he purposely employs a cold
medical term.

164. *Roffignac:* one of the best makes of brandy; 1893 was an excellent
year.

165. *Backensessel:* a 'winged arm-chair', more commonly called
'Ohrensessel' or 'Ohrenfauteuil'.

166. *dolo indirecto . . . dolo malo:* terms still used in Swiss law, though
somewhat obsolete: 'dolus indirectus', current in the nineteenth
century, has been replaced by 'dolus eventualis' (when death is
not intended, but an accidental result of an action); 'dolus

malus' is also obsolescent in favour of 'dolus directus' (when there *is* malicious intent).

167. *außer einem Ehebruch . . . nichts Gesetzwidriges:* in Swiss criminal law adultery is an indictable offence and as such 'illegal', i.e. against the law.

168. *plauschigen:* hybrid: from 'plauschen' ('to chat') and 'lauschig' ('cosy', 'snug'): a successful coinage.

169. '*Hab oft im Kreise der Lieben*': the first line of 'Frisch gesungen', a poem by Adelbert von Chamisso (1781–1838), set to music in 1927 as the last of a cycle of 7 songs by Nikolay Karlovich Medtner (1880–1951), a Russian composer who settled and died in England.

   Dürrenmatt's grandfather (see Introduction, p. 1 f.) wrote a parody of this poem (reprinted in Bänziger, *Frisch und Dürren-matt*, p. 127), satirizing hypocrisy and inefficiency in Swiss political life.

170. *pomadige:* in this context not 'phlegmatic', 'indolent', but in its combination with 'Eleganz' clearly derived from 'Pomade' ('hair cream').

171. *sich selber zu sein:* this erroneous use of the accusative for the predicative nominative, like other confusions in the use of case (as particularly with apposition, see note 189) is a feature of Swiss dialect, and such Helveticisms are liable to occur in Dürrenmatt's work.

172. *er ehebrüchle:* verbs in *-eln* have a diminutive as well as derogatory quality: so this is a flippant minimization of the seriousness, as throughout the story.

173. *hartnäckig:* basically negative in meaning: 'stubborn', 'obstin-ate'; here, however, in its context with other positive terms and in its special application to a salesman and his work, it comes as near to a positive sense as it ever can: 'tenacious', 'persistent'.

174. *angesäuert:* not 'soured', but 'becoming tainted by corruption', 'beginning to lose his integrity'.

175. *Faustrecht:* originally a legal term for 'self-defence', as necessi-tated in Germany during the so-called Interregnum (1254–1273) between the Hohenstaufen and Hapsburg dynasties when state protection had become negligible; popularly connected with the later state of general lawlessness that developed with the gradual disintegration of the medieval feudal system in the fourteenth and fifteenth centuries, the time of the robber knights (cf. p. 39 and again p. 59); thus 'law of the strongest', 'club-law'.

176. *Walten und Schalten:* a reversal of the customary order of this expression, which is 'schalten und walten'.

177. *Kampf um den Brotkorb:* a mixture of the two idioms 'Kampf ums tägliche Brot' and 'einem den Brotkorb höher hängen' ('to keep a person short').

178. *durchleuchtet, durchforscht, seziert:* once more evocative medical terms are used: 'X-rayed, thoroughly investigated, dissected'.

179. *bei Herzgeschichten:* 'in cases of heart trouble'.

180. *eine geistige Panne:* see Introduction, p. 25.

181. *Gelächter,* etc.: a hullaballoo of noises, including the attempts of Pilet, the only countryman among them, at yodling.

182. *beim Durchschnittsmensch:* the disregard for inflected forms of 'weak' nouns is another feature of Swiss German.

183. *Verstopfung eines Blutgefäßes durch einen Embolus:* the complete blockage of a blood-vessel through a clot of blood.

184. *Glückspilz:* 'lucky fellow'; a toadstool is one of the emblems of good luck.

185. *bedingte Todesstrafe:* it is not clear what Dürrenmatt may have had in mind. Possible interpretations are these:
    (1) the normal meaning of 'bedingte Strafe', or rather 'bedingter Straferlaß' ('conditional discharge'): remission on condition of no further offence of any kind being committed during a certain period; to hold over a death sentence and 're-vive' it in the case of a slight offence would be cruel: this would enhance the macabre humour of the story;
    (2) as a more 'serious joke': since the crime has been 'con-ditional' so to speak, not a genuine murder, not proven ('juri-stisch nur darauf gestützt, daß der Verurteilte sich selbst als schuldig bekenne', p. 87), and not legally, only morally indict-able ('In der Welt . . . hätte ihm nichts geschehen können', p. 86, see also p. 24), the sentence ought to be conditional; but since aesthetically ('im Sinne eines Kunstwerkes', p. 87) and ethic-ally ('nichts Höheres, Edleres, Größeres könne es geben', p. 88) only a full death sentence is satisfactory, it is not to be 'condi-tional' after all. This seems the most likely interpretation, unless it is intended
    (3) as a joke without any specific meaning, which would also be characteristic of Dürrenmatt.

186. *schwingend:* 'with élan': its ethos seems to come very near that of 'beschwingt'.

187. *steinerne Morgendämmerung:* 'stony' not only in colour, but also in its implacability.

It is not insignificant that the one to whose duty it falls to carry out a death sentence takes him upstairs. This motif is further elaborated in the *Hörspiel* (see p. 26).

188. *ungemein rühmend gehalten:* 'couched in terms of greatest praise'.

189. *altes Deutsch:* archaic language as it might be used in genuine legal documents.

The failure to put the correct case for a noun in apposition is again an example of the author's use of everyday language, ignoring strict grammar.

190. *den . . . Geborgenen:* 'well taken care of' (viz. by sleep).

191. *so endgültig und so unbedingt:* 'so final and absolute': this is also in starkly ironical contrast to the suggested 'conditional' death sentence.

Der Tunnel

1. *Ein Vierundzwanzigjähriger, fett:* this story, as is at once apparent, contains strongly autobiographical elements. In the 'Nachwort' to the collection *Die Stadt* the author tells us that, although the story was not written until 1952, the theme of *Der Tunnel* very much preoccupied him during the mid-nineteen-forties.

In 1945 Dürrenmatt was twenty-four; his photograph of 1946 already shows the onset of a tendency to 'Wohlbeleibtheit', which was soon to develop considerably. Here he suggests a deeper meaning and purpose of the hero's fatness: the desire to keep out the horrors behind the stage set of life ('das Schreckliche hinter den Kulissen', 'das Ungeheuerliche'): for this same reason he blocks the 'holes in his flesh', ears, mouth, and even eyes.

2. *seine Fähigkeit:* his ability to see 'the reality behind reality'; it is significant in this context that in his postscript Dürrenmatt should cite Plato's 'simile of the cave' from the first book of the *Republic*, which suggests that the world we see is merely the shadow of reality.

3. *Ormond Brasil* 10: half as long as the Brissago (see note 32 to *Die Panne*), i.e. 3–4 in., but also thin (cf. 'länglichen Form', p. 100)

4. *Wattebüschel:* the usual word is 'Wattebausch' (a 'wad of cotton wool'), whereas 'Büschel' suggests a 'tuft'.

5. *auf einer Universität . . . in einer zweistündigen Bahnfahrt:* here the autobiographical reminiscence is drawn from the short period of his first university studies at Zurich, 1½–2 hours' train journey from Berne, his parental home ('seinen Heimatort').

6. *Seminar:* a class in which students in turn read prepared papers, which are then discussed by the whole group.

7. *zwischen den Alpen und dem Jura:* the line runs between the two ranges, each of them 20–25 miles away.

8. *einem Fluß:* the Urtenen (a small tributary of the Emme), which for some distance flows parallel to the railway line, about ½ mile away.

9. *Burgdorf:* here the line crosses the river Emme, which at this point enters the wider plain, so that Burgdorf (14,000 inhabitants) is the gateway to the Emmental proper.

10. *einen kleinen Tunnel:* on the way from Berne to Zurich, a minute or two after Burgdorf, the train passes through this tunnel. It is a straight tunnel, about 500 yards long: from one end the other can easily be seen as a small point of light. On the road flanking it on one side the other end of the tunnel is reached in about 8 minutes' walk, and the train only takes half a minute ('so schnell durchfuhr ihn der Zug', p. 92).

11. *vertrottelten:* 'cretinous'.

12. *Coupés:* another of the French borrowings (see note 144 to *Die Panne*) preferred in the south to the northern 'Abteile'.

13. *das Wirrwarr:* now usually masculine.

14. *der dritten Klasse:* by international agreement this was abolished in 1956. On the continent some third-class carriages had leather and some only wooden seats ('Bank') and largely no separate compartments ('in der es sonst Wagen mit Coupés selten gibt').

15. *nun schon eine Viertelstunde:* this is a slight exaggeration, since the tunnel was entered just before 6.10 (p. 91), and now it is not yet 6.20 (p. 94); even by p. 95, when the hero speaks of 20 minutes in the tunnel, it is still only 6.20.

16. *so viele Tunnel wie die Schweiz:* an official Swiss statistical pamphlet gives the figure as 670, with a total length of 186 miles.
    The plural 'Tunnel' is southern as opposed to northern 'Tunnels'.

17. *Nimzowitsch-Verteidigung:* the defence developed by the chess master Aron Nimzowitsch (1886–1935): to White's King's Pawn opening P-K4, Black answers with N(Kt)-QB3 (alternatively in its 'Indian' variant to P-Q4 with N-KB3); this key move achieves a much stronger position for defence (and attack).

18. *Olten* (20,000 inhabitants): the junction where passengers for Basle change from the direct trains Berne–Zurich.

19. *Billet:* one more word of French origin in Swiss usage; normally spelt 'Billett' to indicate the pronunciation [bilj'ɛt].

20. *Herzogenbuchsee* (4600 inhabitants): about 15 minutes' train journey from Burgdorf on the line to Olten.

21. *Langenthal* (11,000 inhabitants): a further 7 minutes from Herzogenbuchsee.

22. *am meisten:* a dialect use of the predicative and adverbial instead of the declined attributive form 'die meisten'.

23. *Zugführer:* the guard; in Switzerland he carries a red satchel (see further down, p. 96).

24. *Zügen, die er . . . gefahren war:* 'fahren' with the vehicle as object, normally reserved for the person in charge of it (see further up, 'er fahre jede Woche diesen Zug dreimal') is loosely applied to a passenger here, instead of 'mit denen . . .'.

25. *Zweitklaß-Abteilen:* 'Zweitklaß-Abteil' is Swiss colloquialism for 'Abteil zweiter Klasse' or 'Abteil zweiter'.

26. *'Simplon':* longest tunnel in the world, nearly 20 miles; by now (6.25 is mentioned a little earlier) the journey has taken on 20 minutes (the time it takes a train to pass through the Simplon).

27. *ein großgewachsener, ruhiger Mann:* it seems the guard is on purpose portrayed in strong contrast to the ticket-collector, a pale, haggard, and nervous figure (p. 94), also in their behaviour in the face of the situation: the ticket-collector is ill at ease ('etwas beunruhigt', p. 95) and tries to explain away the evident irregularity; the guard is presented as the very picture of self-assurance (cf. p. 98).

28. *Packwagen:* technical jargon for 'Gepäckwagen'.

29. *Koffern* (also p. 98): Swiss dialect has many irregularities in plurals, e.g. even 'Tagen'.

30. *hing:* the strong form is here used transitively; this confusion is widespread.

31. *'Wir fahren abwärts':* the first indication of a 'Höllenfahrt', which becomes clearer later (p. 100 ff.).

32. *Die Plattform . . . besaß auf beiden Seiten ein Eisengeländer:* until the late forties the usual passage between carriages also existed as a link between the Swiss electric engine and the first carriage, but this has since been discontinued on account of excessive draught (cf. 'der ungeheure Luftzug').
   The engine described here approximates to the Swiss electric engines of the series Ae3/6 or Ae4/7, which right into the fifties were used for the fast service Berne–Zurich.

33. *ein schmales Band und darüber als Geländer eine Stange:* a narrow metal ledge serving as a 'path', with handrails above it; this description actually fits a Swiss steam engine, but not a modern electric one.

34. *einen Meter:* 'Meter' is masculine in southern colloquial and Swiss official usage.

35. *ins Innere der Maschine:* they now go inside the engine, and are then in the corridor by the side of the engine-room where he can lean against the wall of the latter.

36. *Führerraum:* from the corridor by the side of the engine-room they now enter the separate cabin (with instrument-panel, switchboard and all the levers), where the driver ('Lokomotivführer', as distinct from the 'Zugführer') operates from his place ('Führerstand').

37. *Sie hätten alles getan:* now he reveals that 'they', i.e. the whole personnel of the train, had realized early enough that something was amiss.

38. *Hundertfünfzig:* i.e. km (93 m.p.h.), whereas normally he says top speed is 105 km. (65 m.p.h.); soon he notices a rise to 158 km. (98 m.p.h.), and later still (p. 103) 210 km. (130 m.p.h.).

39. *'Eben':* 'that's just it'.

40. *Der im Packraum:* as distinct from the guard responsible for the train, an ordinary guard looking after the luggage-van.

41. *Schacht . . .* (and below) *Trichter:* more correct descriptions for the now practically vertical position of tunnel and corridor.

42. *Rotte Korah:* from the Old Testament: Numbers xvi, esp. 31 f.: when Korah with his company rebelled against Aaron and Moses, 'the ground clave asunder that was under them: and the earth opened her mouth, and swallowed them up'.